職業・打撃投手

濱涯泰司

ワニブックス
|PLUS|新書

はじめに

　打撃投手、バッティングピッチャー、略して「バッピ」――呼び名は違っても中身は同じ。この本は、タイトルのとおり、プロ野球の打撃投手である私が、この打撃投手という特殊な職業について、また私の経歴について、一緒に仕事をしてきた同僚たちの苦労や、ホークスの仲間たちの練習について、そして私たちのこれからについて記したものです。

　書店の棚の前でこの本を手に取った方のことを想像すると、本当にありがたく思います。まわりは有名なプロ野球関係者の本ばかりだったでしょう。そんな中で埋もれていたこの本をよく見つけ出してくれました。

　それは偶然の出会いだったかもしれませんが、打撃投手に少しでも関心を持っていた時点で、あなたは相当にプロ野球がお好きなのでしょう。しかも、誰もがよく見ている表面だけでなく、裏のほうにまで興味をお持ちなのだとわかります。

その期待に応えられるよう、私がやってきたことを精いっぱい、ありのままに語るように心掛けました。

さて、あらためて自己紹介します。私は福岡ソフトバンクホークスで打撃投手をしている濱涯《はまぎわ》泰司《やすじ》と言います。昭和45年（１９７０年）10月３日生まれ、この原稿を書いている２０２４年７月の時点で53歳です。

経歴については第２章で詳しく記しますが、かいつまんで言うと１９９２年秋のドラフト会議で福岡ダイエーホークス（現・福岡ソフトバンクホークス）から３位指名され、入団。背番号36をいただきました。１９９９年シーズンを最後に現役引退し、２０００年からは背番号１１５の打撃投手となり今日に至っています。つまり、現役選手として７年、打撃投手として25年、合わせて32シーズンの間、ずっとホークスのユニフォームを着ていることになります。

このくらいの年齢まで打撃投手という仕事を続けている人はけっこういます。私は現在12球団の打撃投手の中で、おそらく上から４番目くらいだと思います。

私たちの仕事は、「裏方」と呼ばれることが多いように、注目されることはほとんどありませんが、ありがたいことに、時々メディアで取り上げてもらうことがあります。今回もどういうわけか本を出すことになりました。

あらかじめお断りしておきますが、本の原稿を書くという作業は私にとってあまりにも不慣れなことですので、取材に答える形で口述した内容をライターさんにまとめてもらい、それを確認・修正するという手順で原稿にしました。

今回、出版社の編集の方から球団を通じて企画のオファーがあった時、球団の広報担当者が、「濱涯さん、絶対やったほうがいいです。やりましょう。やります」とノリノリで進めてくれました。裏方にスポットライトが当たるのは珍しいので、我がことのように喜んでくれました。ありがたいことです。

今回、本を出すことが決まった時、この本で実現できたらいいなと思ったことがふたつありました。ひとつは、もっとプロ野球ファンのみなさんや、プロ野球関係者のみなさんに、打撃投手のこと、特にこの仕事特有の苦労や困難、あるいはチームにとっての重要性や仕事のやりがいを知ってもらいたいということでした。

これまで私は打撃投手という仕事ができることに感謝しながら、またその仕事に誇りとプロ意識を持って取り組んできましたが、無理解のために低く見られて、心ない言葉をかけられるケースも見聞きしてきました。私らの仕事をより深く知ってもらうことで、そうした考え方が少しでも変わっていったらと願っています。

今回いろいろな質問を受けて、中には説明が難しいと思ったことや、私自身でも「?」と思うことがいくつもありました。それでもみなさんにとっては、あまり想像できない打撃投手という職業の実態を詳しく伝えられたのではないかと思います。

もうひとつは、これまで私の近くにいた方々、私を育てて、支えてくれたたくさんの人たちに、少しでも喜んでもらえたら、というのがありました。

正直なところ、みなさんの興味・関心に応えることができるのか、あまり自信はないのですが、謎に満ちたひとつの専門職の紹介として、また、その職に打ち込んできたひとりの「職人」の記録として、何かの役に立てば幸いです。

あらためてこの本を手に取っていただいたことに感謝いたします。この偶然も何かの縁だと思いますので、どうか最後まで読んでいただけたらと思います。

目次

第3章　つらいけど楽しい打撃投手の仕事……75

第4章　打撃投手が語る「未来の野球界へ」……139

おわりに

第1章　打撃投手という職業

打撃投手とは「打撃練習用の投手」

この第1章では、打撃投手の仕事内容について詳しく説明していきます。

野球にあまり詳しくない方には、「打撃投手」「バッティングピッチャー」という言葉自体、馴染みがないでしょう。二刀流の大谷翔平選手のように「打撃（が得意な）投手」と思うかもしれません。

そうではなく、「打撃（練習用の）投手」です。プロ野球界に存在する職業のひとつで、各球団が雇い入れています。バッティング練習の時に、バッターが打ちやすい球を投げて、バッティングの練習をしてもらうのが私たち打撃投手の仕事です。

2024年シーズン、福岡ソフトバンクホークスには打撃投手が10人所属しています。一軍に右投手と左投手各4人で計8人、二軍に1人、三軍に1人というのが内訳です。他球団もだいたい一軍に8人の打撃投手がいるようです。二軍以下については、1人置くか置かないかといったところです。なので、NPB12球団で打撃投手として働いているのは、合わせて100人前後と思われます。

打撃投手は「裏方」のひとつ

プロ野球の球団では、さまざまな仕事をする人たちが働いています。その中で私たち打撃投手は、一般的にチームスタッフと呼ばれています。

チームスタッフとは、試合や練習といった「野球の現場」を回していくために必要なスタッフのこと。「裏方《うらかた》」「裏方さん」と呼ばれることもあります。

打撃投手の他に、投手の練習パートナーであるブルペン捕手、選手の体のケアを行うトレーナー、試合の記録をつけるスコアラー、メディア対応を行う広報、外国人選手とのコミュニケーションに欠かせない通訳、スケジュール管理など庶務を受け持つマネージャー、試合や練習に必要な備品や設備を管理する用具係といった仕事があります。

専門の資格や勉強が必要なトレーナーと通訳は別ですが、その他の職種については、選手だった人が現役を引退したあと、チームスタッフとして球団に残るケースがほとんどです。

特に打撃投手は、日本のプロ野球（NPB）に所属していた投手が引退して打撃投手に転身するケースがほとんどです。ただ、最近ではＮＰＢに所属することなく、打撃投手として採用された人もいると聞きます。

甘くない打撃投手の立場

華やかに見えるプロ野球選手という仕事ですが、毎年毎年新しい選手が入ってきますから、競争に勝ち抜かなければ、すぐにクビ（戦力外）になってしまうのが現実です。

一方、打撃投手は、きちんと仕事ができていればクビになることはありません。ただし、この「きちんと仕事ができていれば」という条件は、簡単なようでなかなか難しいものなのです。そのため、打撃投手はクビになるケースも比較的多く、チームスタッフの中ではもっとも厳しい境遇にあるといえるでしょう。どのような難しさ、困難があるかは、第3章で詳しく説明していきます。

チームスタッフ全般という話でいえば、そう簡単にはクビにならないので、現役を引退する選手が誰でも、いつでもなれるわけではありません。

よくプロ野球選手のセカンドキャリアが話題になることがありますが、引退後にチームスタッフとして球団に残るというのは、好きな野球、しかもプロ野球に携わっていけるという点で、境遇としては恵まれているほうだと私は思います。

契約は基本的に1年ごとの更新です。選手と違ってチームの順位や成績によって給料が跳ね上がるようなことはありません。

支配下登録だった投手が打撃投手になると給料は下がることになります。ただし、育成契約だった選手が打撃投手になると、多くの場合、給料は上がることになります。

その後は年齢と経験に応じて少しずつ「定期昇給」があり、下がることはまずありません。優勝してもそれによって給料が上がることはありませんが、臨時ボーナスが出ます。嬉しいですし、やりがいを感じます。

プロ野球選手は、野球協約に基づく球団との独占契約がある一方、クビも日常茶飯事ですし、トレードもあり、一般的な雇用とはかけ離れた世界です。

チームスタッフは、一般社会の雇用形態とほぼ同じ。いわゆる嘱託とか契約社員に近いものだと思います。

打撃投手の仕事は打ちやすい球を投げること

では、具体的に打撃投手の仕事内容について見ていきましょう。

試合前のバッティング練習では、選手たちはイメージと動作にズレがないか、スイング軌道に狂いがないかなど、選手自身でチェックポイントを確認します。

キャンプでは数多くのバッティング練習をすることで、そうした動作や感覚などを私なりに固めていきます。

打撃投手が一定の打ちやすい球を投げることで、そうした確認作業を効率良く進めることができるのです。

では、打ちやすい球とはどんな球なのでしょうか。

工業製品や農作物に「規格」があるように、私たち打撃投手が投げる球にも「規格」のようなものがあるのです。

① 球速は100キロから110キロの間

②　球種は垂直方向のバックスピンがかかった直球（フォーシーム）
③　コースの基本はど真ん中（打者がコースを指定する場合もある）
④　投球間隔は、打者の間合いに合わせる

これが理想ですが、機械ではないので完璧にはできません。それでも、いつもできるように努力しています。

それぞれ、本職の投手から打撃投手になる時に対応しなくてはいけません。

打撃投手の「常識」として、打撃投手の握りというのがあります。本職の投手のストレートの握りは人差し指と中指をくっつけて縫い目にかけますが、人差し指と中指の間を開いて握ると左右のブレが小さくなるのです。私も先輩から教わりました。

打ちやすい球を投げるのは簡単そうで難しいのですが、何より厄介なのは精神的重圧との戦いです。詳しくは第3章で書きます。

試合前に「打ちにくい球」の練習はしない

打撃投手が投げる打ちやすい球を打って、それでバッターにとって練習になるのかと疑問に思う方もいるでしょう。

試合では相手ピッチャーがバッターのタイミングを外したり、的を絞らせないために、球速を変えたり、球質を変えたり、投げる場所、高低・内外を変えたり、投球間隔を変えたりして投げているのだから、それを打てるようにする練習が必要なのではないか。

確かにそういった実戦的な練習もあります。その場合は、打撃投手が投げた球を打つのではなく、現役の投手が投げます。真剣勝負に近い形の練習です。

「フリーバッティング」「シートバッティング」「ライブBP」（※投手の最終調整の意味合いで行う実戦形式の練習）といった練習がそれに当たります。抑えようとするピッチャー、打とうとするバッター、両方にとっての練習です。最近はCS局やネット配信でキャンプの様子が中継されるので、ご存じの方も多いでしょうが、キャンプも中盤になってくると、そういった練習が行われます。

ただ、こうした練習をしたところで一軍の試合で参考になるのかどうかは微妙なところです。いくら実戦形式といっても、同じユニフォームを着ている味方同士では、どこか真剣勝負にはならないところがあります。むしろ、一軍レベルかどうかの参考にしたり、試合出場に向けたステップとして行われる練習といっていいでしょう。

ともかく、試合前のバッティング練習の目的は感覚のチェックが中心で、打ちにくいボールを打つ練習はしません。

「ミックス」を注文されることもある

実は、打撃投手を相手にした試合前練習でも、打ちにくさを求めるバッターもいます。今現在、私の担当するバッターにはいませんが、「ミックス」を注文する人がいるのです。

「まっすぐとカーブとスライダーとフォークのミックスで」

まるでお好み焼きやピザのようですが、以前はよく代打を専門にしている選手から注文されました。

ミックスの時は、キャッチャーにサインを出してもらって、本職の投手のように打者を抑えにかかります。

いろんなボールを投げなければいけないので難しいと思われるかもしれませんが、まったく逆です。打撃投手にとってミックスは気楽。厳密なコントロールも、いい回転も求められず、少々ボール球になっても「本番さながら」と言い訳できます。

久しぶりに本気で抑えてやろうと一生懸命投げましたが、いつも普通に打たれるだけでした（笑）。

年間予定は選手たちと同じ

球団によって違いがあるかもしれませんし、100人もいれば経験も年齢もさまざまなので、細かい違いはいろいろとあるでしょうが、打撃投手の仕事の大まかな流れはだいたい同じようなものだと思います。私自身を例に、打撃投手の1年のスケジュールを紹介していきます。

簡単に言ってしまえば、選手とまったく同じ動きをします。一軍の選手が試合なら私たちも出勤。一軍の選手が休みなら私たちも休みです。

1年の始まりは「野球のお正月」とも呼ばれる2月1日のキャンプインです。最近では2月1日にこだわらないチームもあるようですが、ホークスは「野球のお正月」にシーズンが始まります。

私は打撃投手として1シーズン投げ抜くために、春季キャンプでの1カ月間、選手より2時間早く球場に入り、走り込みを行うことをかれこれ15年ほど継続して行っています。これは秋季キャンプ（11月）も同様で、選手が球場に入ってきてからの時間は、選手の練習に合わせて動くため、必然的に朝が早くなります。なお、シーズン中は年齢的にもできるだけコンディションを重視し、ベストな状態で打撃練習に登板できるように、ケアをメインで行っています。

私がプロ入りした頃は、キャンプの序盤、第1クール、第2クールは体を慣らす期間で、徐々に強度を上げていく感じでしたが、今はもうキャンプ初日から全力の練習が行われるようになりました。

となると、それまでに「慣らし運転」が必要になるので、各選手とも3週間くらい前から自主トレを開始します。最近では同じ球団内で、あるいは球団横断的に、さらには競技の垣根を越えてチームを組んで、地方の球場を一定期間借り切って自主トレをする選手が増えています。弟子入りと言っては大げさですが、一流選手にアドバイスをもらうといった光景が珍しくなくなりました。

打撃投手は、こうしたチーム型の自主トレに呼ばれることがあります。キャンプ初日からガンガン打ち込むためには、自主トレでもバッティング練習をみっちりやって、コンディションを上げて臨もうという意図があるのでしょう。

2024年を例にすれば、私は柳田悠岐《やなぎたゆうき》選手が大分県佐伯市で行った自主トレに呼ばれました。この自主トレには、佐藤直樹選手、イヒネ・イツア選手、そして横浜DeNAベイスターズの梶原昂希《かじわらこうき》選手も参加していました。

自主トレの初めのうちこそ、「軽くでいいですよ」と言ってくれて、こちらも少しずつ慣らしていきますが、次第にいつものバッティング練習と変わらない内容になっていきます。

シーズン中の打撃投手としての仕事時間は「1日20分」

私たちの「仕事量」は基本的に時間で計ります。オープン戦やシーズン中であれば、1日20分です。

「えっ、1日の仕事が20分で終わり？」とびっくりした方もいるでしょう。あとで説明するように、打撃投手以外の仕事を兼任している人も多いので、その場合はそれだけというわけではないのですが、私の場合は基本的にその20分が仕事時間です。

ホームゲームのナイター（18時試合開始）の場合、試合前のバッティング練習は14時20分から15時40分までの1時間20分間と決まっています。

バッターボックスを2カ所に設営し、1カ所は右投げの打撃投手が、もう1カ所は左投げの打撃投手が投げます。ちなみにバッティング練習の設営では、本来のマウンドの位置よりかなり前から投げます。

バッティング練習が始まると、左右それぞれの打撃投手が20分ずつ投げては、順番に交代していきます。それぞれ4人ずつ投げ終われば、1時間20分のバッティング練習は終了です。

ビジターの試合前バッティング練習も1時間20分ですが、バッターボックスは1カ所のみ設営されます。そのため、打撃投手は、相手の予告先発が右投手か左投手かによって左右どちらかの4人だけが投げます。統計的に、先発投手の人数は右投手のほうが多いので、左投手の私は右投手の打撃投手と比べて少し出番が少ないはずです。

打撃投手として打者に投げる以外にもいろいろとやることがあります。バッティングキャッチャー、ボール拾い、投手の練習などのサポートを行います。

練習が終われば、私はロッカールームに引き揚げます。ホームの試合なら風呂とサウナに直行し、この日の仕事は終了です。

キャンプはハイペースで「1日30分」

キャンプでのバッティング練習は毎日2時間。ひとりの打撃投手の仕事時間は30分です。球数を数えてもらうと、試合前練習は20分で110球なのに対し、キャンプでは30分で200球ほどでした。

それぞれのペースを計算してみると、試合前練習では1分間に5～6球、キャンプでは1分間に6～7球とキャンプのほうが少し速いペースで投げています。

投球間隔はあくまでもバッティング練習をする打者の間合いに合わせています。なんとなくですが、公式戦前のバッティング練習は、注意深くチェックするように打っているためペースが遅く、キャンプではフォーム固めやトレーニングの意図もあって、数を打つことも重要なので、ペースが気持ち上がるように思います。

兼任は身を助く

打撃投手の多くは、バッティング練習の20分が終わったあと、裏方仕事を「もうひとつ」兼任しています。「もうひとつ」の例としては、スコアラー、広報、マネージャー（サブマネージャー）、用具係……といったものがよく兼任されています。

他球団のことはわからないのですが、おそらくほとんどの球団で兼任を導入していると思います。ホークスでもかなり以前からこの兼任というのはあり、私も以前はスコアラーを兼任していました。

これは、打撃投手にとっても、球団にとってもメリットがある仕組みです。

打撃投手はいつ投げられなくなるかわかりません。肩や肘、足腰の故障もありますが、それ以上にリスクとして高いのが、いわゆる「イップス」で、これは職業病といえるかもしれません（これらについては第3章で詳しく記します）。

もし、投げられなくなっても、他の仕事ができるようになっていれば、そちらに移れる可能性があります。もっとも、球団との間にそういった決めごとがあるわけではないので、なんの保証にもなりませんが、普段から誠意をもって兼任する仕事に取り組んでいれば、温情がかかるかもしれません。少なくとも気休めとしては十分です。

スタッフワークの多くは、人手があればあるほど円滑に仕事が回ります。メインの担当者に加えて兼任打撃投手がヘルプすることで上手くいく仕事も多いのです。メインのスタッフが発熱で休むといった想定外の事態に備えるバックアップとしても有効なので、球団にとっても助かる面があります。

私も長い間、兼任をしていましたが、45歳前後の契約更改時に、球団から1年でも長く打撃投手をやってほしいので、これからは専任でやってくださいと言われ、それからは打撃投手だけになりました。とてもありがたく思いました。

打撃投手を管轄するのは誰か

私たち打撃投手は、「打者の練習パートナー」です。野球選手は、投手たちと野手（打者）たちとではほとんど別行動ですから、投手でありながらいつも野手たちと行動をともにします。

バッティング練習の段取りは、バッティングコーチの担当です。キャンプでは、何か意図した練習をしたい時など、バッティングコーチから「バッピの時間を伸ばせないか」と打診されるケースがあります。打撃投手のリーダーは私なので、状況を判断して「それくらいであれば大丈夫です」とか「それは無理です」とか返答をします。

試合前のバッティング練習については、ずっと同じ段取りで繰り返されてきたことなので、基本的に同じことの繰り返しです。イレギュラーなことはまずありません。

どの打者を担当するかは決まっている

打撃投手の担当、つまりどのバッターが、どの打撃投手の球を打つかというのもバッティング練習の段取りのひとつとして、最終的にはバッティングコーチが決定しています。ただ、バッティングコーチだけで決めているかというと、そういうわけでもありません。

たぶん、どのチームでもこれに近いことが行われていると思いますが、福岡ソフトバンクホークスの場合、どのように担当が決まっていくかを書いてみようと思います。

まず、経験の乏しい若手の打撃投手が、チームの主力打者を担当することは基本的にありません。理由のひとつは、すでに主力打者の担当はだいたい決まっているため。

そしてもうひとつの理由は、慣れていない若手打撃投手が必要以上にプレッシャーを感じないように、ということです。詳細は第3章に書きますが、打撃投手にとって精神的な重圧を克服することが非常に重要なので、プレッシャーがかかりすぎないように配慮しているのです。

もっとも、こうした配慮がなされるようになったのは比較的最近のことで、私が「新人打撃投手」だった頃はそんな配慮など全然ありませんでした。

それから、バッターが担当打撃投手を指名するケースもあります。もちろん、二軍から上がってきたばかりの若手選手がそんなことはしません。ある程度、経験豊富な主力選手が希望する打撃投手を指名し、バッティングコーチがそれを了承して練習パターンを決めるのです。

選手がケガなどで一軍を離れることがありますので、そういう場合は、例外的に担当を組み替えることになります。

試合前のバッティング練習の目的はズレの修正

ほとんどのバッターは、打撃投手にコースの指定やリクエストはしませんが、できれば同じコースに投げ続けてほしいのだろうというのは感じます。その理由は、バッターの状態を確認して調整するためには、一定のボールのほうがやりやすいからです。

先に「規格」どおりの球を投げ続けるという言い方をしたことに通じますが、重要なところなので説明を加えます。

試合前のバッティング練習は、限られた時間で自分のイメージと実際の体の動きにズレがないかをチェックして、もしあった場合はそれを調整するのが目的です。

バッターは過去の経験則から、目で見た情報をもとにバットとボールが当たる瞬間を予測し、その予測のとおりにバットを振ります。ところが、人間は機械ではないので、必ずしもそのイメージどおりに体が動くとは限りません。いつもと同じバッティングフォームのつもりでも、思ったとおりのスイング軌道になっていないということが日常的に起きます。

打撃投手が投げる球を打ちながら、そのイメージと現実のズレ、あるいは感覚と動作のズレといったものを埋めていく作業を試合前のバッティング練習で行っているのです。

やりたいことをやってもらう

プロのバッターは、よほどの不調期でない限り、感覚と動作の修正はすぐにできます。あとは調子の良し悪しを確かめるために、やりたいことをやってもらうこと、別の言い方をすれば、気持ちよく打ってもらうことが大事です。

そうならば、打撃投手が投げるべき「一定の場所」は、バッターが打ちやすそうにしている場所ということになります。

私の場合は、その「一定の場所」がどこなのか、打者の打ち方や反応を見ながら決めています。他の打撃投手がどうしているのかはわかりませんが、バッティング練習自体で打撃投手とバッターとでコミュニケーションを取っているという感じはあります。

一流のバッターになればなるほど、バッティング練習ではひとりの世界に入り込んでいますので、こちらとしてはより集中力を高められるように、邪魔をしないようにと気を使うところもあります。「一定の場所」としてどこを狙って投げるのがいいか、バッターの様子から感じ取ることも打撃投手の仕事のひとつだと思います。

ホームランは振り返って確認する

プロ野球中継を見ていると、ホームラン性の打球を打たれたピッチャーはハッとしたように振り返って打球を見ます。あの動作には、抑えようとしていたのに失投をしてしまって「しまった」という気持ちが表れています。私にも覚えがあります。

打撃投手の中には、打球を目で追うこともなく、次の投球の準備に入っている人もいるようですが、私はホームラン性の打球はしっかりと行方を確認しています。

バッティングのことは専門ではありませんが、やはりいい打ち方をしないとなかなか柵越えになりませんし、特大の飛距離が出るのは完璧な打ち方をした時です。いい打球が出れば、できればそれを繰り返してほしいと思いますので、同じところに続けて投げるようにします。

打球を振り返るのは一緒でも、本職の投手の気持ちとは全然違います。何もあわてて次のボールの準備をすることもありません。なぜなら、バッターだって気持ちよく打てた時は、どこまで飛んだか打球を見定めているからです。私もゆっくりと振り返り「おー、どこまで飛ぶんだ？」と見届けます。練習に生かしていくために、しっかりとホームランの飛距離を確認するのは、打撃投手にとって重要なことだと思います。

マシンと打撃投手との役割分担

バッティング練習というと、マシンバッティングを想像する方もいるでしょう。プロ野球でも室内練習場にはピッチングマシンが必ずあって、よく若いバッターが夜間や休日に自主練習に使っています。また、キャンプのバッティング練習では、打撃投手と併用して使われます。

私としては、打撃投手の球を打つほうが絶対にいいと思います。打撃投手は打者の間合いに合わせて、一番いいペースで投げます。マシンでも個人個人に合わせて調整はできるのでしょうが非効率で、現実的ではありません。

完璧にできるわけではありませんが、打撃投手はバッターの様子を見ながら、どのあたりに投げたらいい練習になるか、気持ちよく打てるかを考えながら微調整しています。機械は設定どおりにボールを発射するだけですが、打撃投手はあくまでも打者の都合を優先して投げています。それは打撃投手の球を打つほうがいいに決まっています。

ただ、8人の打撃投手が投げられる球数にも限りがあります。キャンプはシーズン中の一軍登録の人数よりずっと多いので、それをマシンで補っているのだと思います。キャンプでは打ち込む数も多いですので、よくコーチが「打撃投手役」を買って出るという光景も目にします。

マシンの設定をカーブに固定しているパターンや、設定速度を上げてバント練習用に使っているパターンもよく見ます。

第2章　「天職」と出会うまで

スポーツ好きな両親から受け継いだ丈夫な体

打撃投手という変わった職業の実態については、前の章でだいたい理解してもらえたと思います。

さてこの章では、なぜ私のような打撃投手が生まれたのか、生い立ちを振り返りながら語っていこうと思います。

1970年生まれの私たちが子どもの頃、また私の父親の少年時代、男の子の遊びといえば野球、スポーツといえば野球という時代でした。もちろん大相撲、プロレスなど人気のあるスポーツは他にもありましたが、野球とは比べものにはなりません。あまり詳しく聞いたことはありませんが、父親も高校まで野球をやっていたようです。女子だとバレーボールでしょうかね。私の母親もママさんバレーをやっていたのを記憶しています。

どうして50歳を過ぎても野球でメシが食えているのかと問われれば、「スポーツ好きで体の強い両親が、丈夫な体に産んでくれたから」だと自信を持って答えます。今となっては、これがすべてだったのではないかとすら思います。

偶然に恵まれた野球との出会い

誰もが野球をして遊んでいた時代ですが、私が本格的に取り組むことになったのは、ふたつの偶然に恵まれていたためです。

ひとつには家の近く、自転車で行けるところで硬式野球（ボーイズリーグ）のチームが活動していたこと。当時、全国的に少年野球といえば軟式の少年団が圧倒的に多かったのですが、鹿児島県では、ソフトボール少年団でプレーするのが一般的でした。鹿児島県出身のプロ野球選手は数多くいますが、ソフトボールから球歴をスタートさせた選手がたくさんいます。

私は鹿児島県串木野市（現在のいちき串木野市）で育ち、やはり多くの男子はソフトボール少年団に入っていましたが、野球の上手な子、本格的に野球をやりたいという子は硬式野球にチャレンジしていました。ただ、硬式野球のチームは、ソフトボールチームほど多くはありませんから、住んでいる場所によってはやりたくてもできないということもあったはずです。その点、家の近所にグラウンドがあった私はラッキーでした。

そしてもうひとつの偶然は、3歳年上の兄が、小学4年生の時にその硬式野球チームに入団したことです。

兄がソフトボールではなくボーイズリーグを選んだのは、運動神経がよかったからでしょう。兄は高校、大学と野球を続け、高校教員となってからは長年野球部の監督も務めています。父も高校まで野球をやっていたので、家庭環境としても野球をやるのは自然でした。

ボールが一番のおもちゃ

小学1年生だった私は、最初はただ兄についていっただけでした。練習は平日毎日でしたから、兄と一緒にグラウンドに行っては、端っこのほうで砂遊びをしたり、石を投げたりして遊びながら、兄の練習が終わるのを待っていました。

行ったら行ったで毎日服を泥だらけにして帰ってくるものですから、母親がそれだったらユニフォームで行けばと、ユニフォームをつくってくれました。

そうなればもう自然の流れで、すぐに一緒に練習するようになり、チームに入れてもらいました。こうして小学1年生から硬式野球を始めたのですが、今思えば、兄に続いて私も野球をやるようにと両親が仕向けたのかもしれません。

生まれつきの左利きでしたが、箸を持つのは右、字を書くのも右に直されました。昔は直すことが多かったと思います。

一方、野球はすんなり左投げ左打ちになりました。

ちなみに大好きなゴルフは右打ちです。なぜかというとゴルフを始めた頃、左打ち用の道具が少なくて選べなかったから、だったら右で打とうとなりました。

さて、左利き用のグラブも用意してもらい、とにかくグラウンドで野球をやっていれば楽しかったですし、家に帰ってからもボールで遊んでいました。カベ当てもよくやっていました。

そういえば幼稚園の文集には将来の夢として「プロ野球選手」と書いていました。もうその段階で兄や近所の子どもたちと公園でのカラーボール野球はやっていたのだと思います。寝転がって上空にカラーボールを放り上げてキャッチするひとり遊びも、飽きもせずやっていました。

本当に小さいうちからボール、特に硬球に慣れ、おもちゃのようにいつも触れていたことで、ボールを扱う感覚ができていったのは間違いありません。それが後々まで役に立ちました。

当たり前のようにピッチャーになる

1年生、2年生の頃はまだ、捕る、投げる、バットを振るという基礎的な練習だけで、ポジションもありませんでした。4年生になると鹿児島市内で行われるボーイズリーグの大会に出場することになるため、その準備として3年生になると監督がポジションを決めてチームを組みました。ある程度、子どもたちが希望を言ったように思います。

私はピッチャーを希望しました。一番目立つし、かっこいい。だからやりたい。まあ、子どもらしい欲求です。

監督も普通にそれで良しと判断したのだと思います。子どもたちの性格や特性を見ながら割り振っていたと思いますが、やはり私は1年生からチームに入って練習していましたし、四六時中ずっとボールに触れていましたから、ボールの扱いは他の子より上手かったのだと思います。

チームの監督は、だいたい在籍している子どもの親が持ち回りで務めるのが通例になっていて、小学校高学年の頃、私の父がチームの監督になりました。高校野球までやっていたのもありますし、その時点でもソフトボールをやっていましたので、根っからの野球好きでした。

プロ野球もよく見ていました。当時は地上波でジャイアンツ戦を毎日のように放送していました。父がジャイアンツファンだったので、私も自然とジャイアンツファンになりました。鹿児島でオープン戦をやる時は、土曜日でも平日でも必ず見に連れて行ってくれました。車で学校まで私のことを迎えに来て、学校には「ばあちゃんが倒れた」と言ったりしていました（笑）。当時は有料道路もなく、1時間くらいかけて鹿児島市内の球場まで行っていましたね。

コントロールに苦しんだことがない

こうして自然な流れでピッチャーになったのですが、初めからコントロールに苦しむことはありませんでした。ど真ん中を目がけて必死に投げていただけですが、だいたいはストライクゾーンに収まりました。

今のように気軽にスピードガンで測定できなかったので、測ったことはありませんが、スピードも速いほうでした。変化球は、肩・肘に負担がかかるという理由で試合では禁止されていましたが、遊びのキャッチボールではカーブを投げていました。

私くらいのレベルの投球ができるのは特に珍しくないと思っていましたが、試合になるとコントロールを乱す投手が多かったのが意外でした。今思えば、子どものやることですから、仕方ないことです。打たれたくないと思えば力が入りますし、そうするとフォームのバランスが崩れてボール、ボールと続き、パニックになってしまう。

ボールの回転数とコントロールが持ち味

とはいえ、高校野球の練習は厳しいものでした。しかし、あとから他の人に話を聞くと、比較的楽なほうだったようです。

今でこそ高校野球の世界でも休みが大切という考え方になっているようですが、当時は当然のように休みなしでした。ただ、鹿商工は冬休みが全休だったので、全寮制だった野球部員も家に帰ることができました。

練習も大変でしたが、それよりもしんどかったのがいわゆる「上下関係」でした。先輩には後輩がひとり付き、身の回りの世話を全部するというのが「ならわし」でした。家事、雑事をそつなくこなすのが大変で、毎日殴られていました。もちろん現在では考えられないことです。

高校時代は速球派ではなく、直球とカーブ、たまにフォークという持ち球をコントロールよく配して、キレで勝負するタイプのピッチャーでした。現在のように回転数を測定することもありませんでしたが、スナップを利かせて縫い目に指をかけることで、回転数が上がり、失速しないような直球を投げていたと思います。

やっている時はなんとも思っていませんでしたが、高校野球のストライクゾーンはえげつないくらい広いんですね。みなさんも高校野球を見ていてそう思うでしょう。

なので、高低、内外にある程度コントロールよく投げ込めれば、「県内屈指の速球派投手」などと呼ばれることのなかった私でも、まあまあ抑えることはできました。

優勝候補と呼ばれながら準決勝でまさかの敗退

甲子園の出場経験はありません。2年の夏、チームは甲子園に行きましたが、私はメンバーに入っていませんでした。鹿児島大会では18人の枠に入っていて、控え投手として出場しましたが、甲子園のベンチメンバー15人に絞られる際に落とされ、悔しい思いをしました。

私たちの学年はいいメンバーがそろっていて自他ともに認める甲子園出場候補でした。

いよいよ私たちの代だと思った矢先、翌年春のセンバツ出場をかけた秋季大会は、暴力事件のため出場停止となりました。「悪しきならわし」が表面化してしまいました。

出場停止処分が解けて、出場した春の大会で見事優勝。最後の夏の大会でも優勝候補と言われていました。

しかし、夏は準決勝で鹿児島商業に負けました。その試合、8回を終わって4点をリード。ほぼ決勝進出が見えていました。野球とは怖いもので、9回の表に一気に5点取られて逆転されました。その時の記憶はほとんどありません。

エラーが絡んだのはありましたが、呆然《ぼうぜん》としながら投げていました。それまでも打たれたこともあれば負けたこともありましたが、あんな気持ちでマウンドにいたことは後にも先にもあの時だけ。

逆に1点ビハインドとなりましたが、高校野球なら再逆転だってよくある話。ところが、私たちはシュンとなってしまい反撃もできず、あっけなく試合終了。相手も強豪校とはいえ、まさかの大逆転敗退となってしまいました。

ショックが進路にも影響

準決勝で勝利すれば対戦成績のいい相手との決勝だったので、頭の中には夢の甲子園がぐっと近づいていました。ところが一瞬にして高校野球が終わり、夏も終わってしまいました。どちらかといえば淡々とした性格の私ですが、この負け方がショックで、しばらく立ち直れませんでした。

高校野球を終えた私に、ほどなく大学野球から声がかかりました。中には関東の有名大学からのスカウトもありましたが、あまり深く考えることもなくお断りしました。そのタイミングでは、もう上のレベルで本気の野球をやるのはやめて、同好会のようなところでのんびり緩く野球を楽しむのもいいのではないか……そんなふうに考えていました。

でも敗退のあと、1カ月もするとやっぱり野球がやりたくなりました。それまで野球漬けの毎日を過ごし、ついに解放された夏休みでした。その間、思いっきり遊びました。

そして遊んだ末に心に芽生えた感情は、「遊んだとしても、こんなもんか」というものでした。

やっぱり野球がやりたい。こう心から思えた敗戦からの1カ月は、私にとって貴重なものだったのかもしれません。

あらためて進路を考えることにし、福岡県北九州市にある九州国際大学（九国大）に進むことにしました。私が高校2年の頃から、監督がわざわざ遠く鹿児島まで車で来てくれて、熱心に誘ってもらいました。断っても断っても来てくれていたので、もうここしかないと決めました。

あの時、少しタイミングが違っていたり、私の心境が違っていたりしたら、関東の大学を選択していた可能性も十分ありました。

でも、その先がどうなっていたかはまったくわかりません。優秀なピッチャーがたくさんいる環境で埋没して、つぶれてしまったのではないかと思います。そうでなかったとしても、その後プロ入りしたり、50歳を過ぎても打撃投手をしている未来はなかったでしょう。九国大が正解だったと思います。

全試合完投、奪三振リーグ記録達成

九国大の監督には、野手をやらせてくださいと言いました。バッティングが好きだったのもありますが、まだ心のどこかで高校最後の試合のショックを引きずっていて、逃げたい気持ちがあったのかもしれません。でも、監督からはあっさり却下されました。

九州六大学野球リーグでは、1年生からベンチ入りしましたが、2学年上のエースがほとんどの試合を投げていたため、1年生時、2年生時はそれぞれ数試合ずつしか投げませんでした。

3年春のシーズンから私がエースとして投げました。今はまったく違いますが、当時の大学野球はエースが全試合を投げ抜くのも珍しいことではありませんでした。

野球への取り組み方は高校時代から特に変わりませんが、3年生になった頃から、走り込みに力を入れるのとともに、それまでまったくやっていなかったウエイトトレーニングも取り入れて、体づくりを意識するようになりました。そのおかげもあって、ボールの威力も、リーグ戦をひとりで投げ抜く体力もアップしました。

4年春のシーズンでは全10試合を完投勝利し、奪三振115というリーグ記録を樹立しました。これは32年経った2024年現在でも破られていません。

話は変わりますが、昨今「肩は消耗品」として、練習での投げ込みをしないという考え方と、投手は投げることで鍛えられるという考え方のどちらが正しいかといった議論がよくされます。

私は高校でも大学でも、練習でもめちゃくちゃたくさん投げて、試合でもめちゃくちゃたくさん投げて、それで故障はしていないので、一概に「肩は消耗品だから投げ込みをするな」と決めつけることはできないと考えます。

とはいえ、最近では150キロは当たり前、155キロから160キロに迫る速球を投げる投手も増えています。そういう投手の投げ方と、私の投げ方とでは、肩や肘にかかる負担も違うはずですから、同じように語っていいとも思えません。だから、答えは「人による。わからない」です。

プロ球団のスカウト視察でプロ野球入りを意識

当たり前のことですが、小学校、中学校、高校、大学とキャリアを積むにしたがって、コントロールの精度が上がっていきました。

小学生は、真ん中を狙ってストライクゾーンに収めるレベル。中学生は、ストライクゾーンを「高めと低め」「内角と外角」の4分割で意識するレベル。高校生は、高さを「高め、真ん中、低め」に分けた6分割で意識するレベル。

そして大学では「高め、真ん中、低め」「内角、真ん中、外角」と9分割で意識し、さらにボール球を意図的に使うこともできるようになりました。もちろん、全部が思ったとおりに投げられるわけではありませんが、少しずつ精度は高まっていきました。

高校から、大学1年、2年のうちは、プロ野球に入ることなどまったく考えていませんでしたが、3年生になってエースとして投げ始めると、プロ野球のスカウトの方が練習を視察しにくることが増えました。おそらく全球団のスカウトがチェックしにきたと思います。その頃から、これはひょっとしたらプロ野球選手になれるかもしれないと思うようになっていきました。

１９９２年の春、リーグ戦で大活躍したあと、福岡ダイエーホークスから、「ドラフトで必ず指名する」と言ってもらえました。

当時、南海ホークスから福岡ダイエーホークスになって４シーズン目。翌年からはそれまで使っていた平和台球場から、新しく完成した福岡ドームに本拠地を移すことになっていました。地域密着を掲げて発展を目指す球団としては、九州六大学野球リーグで活躍した地元の好投手を他球団に獲られないよう、手を打ったのだと思います。私も生まれ育った九州の球団に行きたいという思いは強くありました。

今とは違って当時のプロ野球界は、虚々実々の駆け引きがありました。私は、ホークスの方の言うとおり、それ以降、練習でも試合でも目立たないように過ごして、秋のドラフト会議を待ちました。

ドラフト3位で福岡ダイエーホークス入り

必ず指名すると言ってもらえていたものの指名順位までは教えてもらっていませんでしたし、実際に指名されるまでは本当なのだろうかと不安に思う気持ちもありました。

運命のドラフト会議当日。実際に3位という上位で指名されましたが、それでも信じられない気持ちでした。両親がとても喜んでくれているのを見て、だんだんと実感が湧き、うれしさがこみ上げてきました。

初めは憧れでしかなく、まったく想像もしていなかったプロ野球の世界。高校でも大学でも、いつも必死の思いで投げてきました。私の持ち味であるコントロールの精度が少しずつ増し、それとともに少しずつプロが近づいてきて、ついに実現することができたのでした。

年が明け、ドラフト1位指名の大越基《おおこしもとい》をはじめ、久保《くぼ》貴裕《あつひろ》、佐藤真一、渡辺正和たちと新人合同自主トレで汗を流し、高知県で行われたキャンプへ。

野球の練習というのは、基本的に子どもの頃から同じようなものです。しかし、小中高大と進むにつれ、同じ練習でもより速く、より力強く、より正確にと、質が上がっていきます。これまでとは違うプロの練習を目の当たりにし、このレベルでやっていかねばならないのかと身の引き締まる思いでした。

ワンポイント左腕として32登板

1年目（1993年）はオープン戦では投げたのですが、一軍で投げる機会はありませんでした。二軍戦では投げていて、ウエスタン・リーグでは2年目のイチロー選手ともよく対戦しました。面白いように打ちまくっていて、早く一軍に上げたらいいのにと思いながら見ていました。

2年目（1994年）は5月22日のオリックス戦で一軍初登板しました。大量失点した先発投手に代わって2回にマウンドに上がり3失点というほろ苦い内容でしたが、初の三振をタイゲイニー選手から奪いました。しかし、この年はリリーフで3試合、2・1投球回を投げただけに終わりました。

3年目（1995年）はそれまでとはうってかわって32試合という登板数を記録しました。しかも1シーズンを通して春から秋まで一軍で投げていたというのではなく、数カ月といった短い期間に集中して登板を重ねました。連投、連投という感じでした。

ではこの年、私が何か急成長したのかというと、少なくとも私では思い当たることはありませんでした。それまでと変わらず、投げろと言われた場面で、キャッチャーのサインどおりに必死になって投げていただけでした。私の変化というより、周りの変化。投げさせてもらえるようになったという感じでした。

環境面の変化といえば、前2シーズン指揮を執っていた根本陸夫監督に代わり、このシーズンから王貞治監督が就任していました。私はキレで勝負するタイプの左腕でしたので、左打者ひとりに対するワンポイントリリーフでよく使われました。その証拠に登板は32試合ですが、投球回は18・1回でした。

その時、体に残る疲労に一軍で投げることのすごさを痛感しました。一軍で打者ひとりに投げただけなのに、ものすごい筋肉の疲労を感じたのです。二軍戦では先発して長いイニングを投げることも数多く経験していましたが、疲れ方は同じ、いや、たったひとりに投げた一軍のマウンドのほうが疲れました。

何万人という観客に見られている、投球の結果によって勝ち負けが決まる、私はもちろん、多くの人の生活がかかっている……その精神的重圧によりアドレナリンが分泌され、普段以上の力を出しているのだと感じました。

初セーブの翌々日に初先発初勝利

こうして一軍ブルペンを固める重要な投手になったかというと、全然そうではありませんでした。私は肩肘に大きな故障をしたことはありませんし、何か大きなスランプに陥ったということもありません。投げろと言われた試合では必死に投げてはいましたが、4年目（1996年）は、夏が過ぎてもずっと二軍暮らしでした。こうして振り返っても、私は大した投手ではなかったのだと思います。

優勝も決まって残り試合が消化試合となった頃、一軍に呼ばれました。9月24日藤井寺球場での近鉄バファローズ戦。次の試合で先発予定だった私はベンチには入っていましたが登板予定はありませんでした。

ところがその試合が大乱戦になってしまい、1点リードの9回裏二死満塁、バッターはブライアントという大変な場面で、どうした理由だったかは忘れましたが投げるピッチャーがいなくなってしまいました。やむを得ず、私が6番手としてマウンドに上がることになりました。ここでブライアントから三振を奪って、プロ初セーブを記録しました。あまり現役時代のことは覚えていないのですが、この出来事はさすがによく記憶しています。

そして次の試合は翌々日の9月26日、同じく藤井寺球場での近鉄戦でプロ初先発。5・1回を投げて4失点でしたが、味方の援護に恵まれてプロ初先発、初勝利をマークしました。

しかし、4年目は5試合、15回を投げただけに終わりました。

日本一の秋に予想外の戦力外通告

5年目（1997年）はさらに活躍の場が減り、4試合11回の登板にとどまります。

6年目（1998年）には登板14試合ながら、投球回は20回と過去最多を記録しました。

この間、ホークスは長期低迷期のまっただ中にありました。南海時代の1978年から1997年まで20年連続のBクラスという残念な記録が残っています。1996年にはあまりに弱すぎるチームにいら立ったファンが、チームの移動バスに向かって生卵を投げつける事件が起き、話題になりました。

ただ、この時期のチームは親会社ダイエーの資金をバックに、着実なチーム強化を行っている最中でした。ドラフトでの選手集めは着々と進み、トレードでの補強も効果的で、まさに強くなっている途中でした。

1998年にようやくAクラス（3位）に浮上したチームは、ついに1999年に優勝を成し遂げ、苦労を重ねていた王貞治監督が胴上げされました。

星野仙一監督との対戦が話題になった中日ドラゴンズとの日本シリーズにも勝利して日本一に輝きました。それ以降は、西武ライオンズにとって代わるようにパシフィック・リーグの、日本プロ野球の盟主へとなっていきました。

しかし私はというと、1年目以来の一軍登板なしという残念なシーズンを過ごしていました。もしこの年が連投、連投で32試合登板した年だったら、どんなに大喜びだったでしょう。でも、実際はチームにまったく貢献していなかったので、優勝の喜びなど一切感じることはありませんでした。

その秋、クビも覚悟していましたが、秋季キャンプに参加するよう指示がありました。来季もプレーできることを喜び、来年こそ私も優勝に貢献すると心に誓って臨んだ秋季キャンプ。その時期だからこそできる体を追い込む練習に精を出していました。

秋季キャンプも終盤を迎えたある日、考えてもいなかったことが起きます。

球団関係者に呼び出されて、何の話かと疑問に思いながら行ってみると、まさかの戦力外通告でした。来季は選手としての契約はしないが、打撃投手として契約したいという申し入れがありました。あまりに予想外のことだったので、すぐに返事はできず、持ち帰ることにしました。

第二の人生を受け入れる

通常の戦力外通告は秋季キャンプが始まる前に終わっていましたので、キャンプへの参加は来年も選手として契約してもらえるのだと思っていましたから、何が何だかわからないというのが正直なところでした。どうやら急遽《きゅうきょ》、新しい選手を入れることになり、どうしても枠を空ける必要があったようです。

投手の担当コーチは、この秋季キャンプから就任した尾花高夫さん。すぐに連絡をくれました。担当の尾花さんもまったく聞いていなかったそうで、我がことのように怒ってくれて、このタイミングで戦力外となった私の身を案じてくれました。新たに引き受けてくれる球団がないか探してみるから少し待つように、特に当時のルールでは、任意引退選手として公示されると他球団での現役続行が困難になるため、すぐに返事をしないようにとアドバイスしてくれました。とても心細い状況だったので、親身になってもらえたことをありがたく思いました。

その後、尾花さんからあらためて連絡があったのは4~5日あとだったでしょうか。本来であれば連投できる左のリリーバーは重宝されるが、他球団ももう編成を完了してしまって、残念ながら受け入れできる球団はなかったとのことでした。尾花さんにそこまで調べてもらったことで、私の中では区切りがつきました。

福岡ダイエーホークス球団としても、異例の時期に戦力外通告にしてしまうことに負い目があったのかもしれません。私が路頭に迷わないよう打撃投手として球団に残る道を提示してくれたのはありがたいことでした。

こうして私の短い選手生活は突然終わりました。私もショックでしたが、家族も驚いたと思います。いつも応援してくれていた両親も残念な思いはあったと思いますが、新しい仕事をしっかり頑張るようにと励ましてくれました。

打撃投手という天職に巡り合う

普通、新しい仕事に「転職」するとなると、それなりに緊張もすると思いますが、私の場合はただひたすら緊張の糸が切れたような状態でした。

打撃投手として翌2000年シーズンの契約を終えたあとは、2月のキャンプインまで、特に何も準備することなく過ごしました。

選手として、バッターのバッティング練習の様子も目には入っていましたので、だいたいやるべきことはわかっています。

打撃投手の人たちとの面識ももちろんありますし、「濱涯ならバッピ即戦力やな。待ってるぞ」なんて言われることもありました。「そのうち行きますよ」なんて軽口を叩いていましたが、現実にそうなりました。

特に「打撃投手の師匠」というような存在はいないのですが、すごい先輩はいました。坂田和隆さんは回転のいい球がほとんど狙ったところに行っていました。現在は私も相当な経験を積んできましたが、まだまだ坂田さんの域には達していませんし、この先到

試合前の練習で投げる著者（写真：福岡ソフトバンクホークス）

達できる気もしません。

打撃投手の新人時代は、先輩たちに練習の流れなど基本的なことは教わりました。先にも述べたように、回転を安定させるために少し人差し指と中指を開いて握るという「打撃投手の常識」も、この時に教えてもらい大変役立ちました。

こう言ってしまうとそれで終わってしまうのですが、それからの打撃投手人生は、かなり順調でした。次章で紹介しますが、打撃投手という仕事は見た目以上に難しく、多くの人が技術を身につけたり、打ってくれるバッターたちとの信頼関係を高めたりするのに時間がかかるものですが、私はすんなりと課題をクリアすることができました。

壁にぶち当たったり、重圧に押しつぶされそうになったりという、普通の打撃投手が味わう苦労のエピソードもありません。

おそらく選手としての投手より、打撃投手のほうが私の仕事としては合っていたのだと思います。

まさに天職に巡り合えたことに感謝しています。

第3章　つらいけど楽しい打撃投手の仕事

速い球を遅くする

前の章では私のこれまでを振り返りました。今まであまり過去のことを思い出す機会もなかったのですが、あらためていろいろな偶然が今の私を形作っているのだと感じることができました。

さてこの章では、打撃投手という仕事の難しさや楽しさ、やりがいなどについて語っていくことにします。私が体験したことと、私自身は体験していないけれど、多くの同僚たちが経験してきたことを織り交ぜながら話ができればと思います。

現役の投手が現役引退して打撃投手になった時、まずやらなければならないのが「球を遅くすること」です。

先述したように、打撃投手に求められるのは球速100～110キロの垂直方向にバックスピンがかかった直球です。

それまで投手たちは、バックスピンのかかった直球を投げる練習をイヤというほど繰り返してきています。しかし、球速は140キロとか150キロとか、とにかく速くしようと努力してきました。そのスピードを30キロも40キロも落とすとなると、何をどうすればいいのかがわからなくなってしまうのです。

もちろん私も30キロくらい球速を下げました。でも、特に苦もなく対応できました。

下半身の動きを省略する

どのように対応したかというと、まず上半身の使い方は、本職の投手時代から変えていません。腕の振り、肘の使い方、手首のスナップ、これらを上半身で調節しようとすると、投げ方がバラバラになってしまいますし、回転のいい球ではなくチェンジアップのような打ちにくい球になってしまいます。

そこで私は下半身の使い方をガラリと変えることで球速をダウンさせました。本職の投手は、足を広げるように踏み出して、腰を沈めて、内転筋の踏ん張りを土台にして、上半身のひねりを生み出しますが、そういう動きを一切やめました。

ひょいと足を上げて体をカタンと傾けるようにすると、重心が勝手に後ろから前へと移動していきますので、その前へと進む勢いに上半身の動きを連動させる感覚です。

つまり私は本職投手の下半身の使い方を大幅に簡略化することで、球速を下げることに成功しました。言葉にすると難しそうですが、意外とキャッチボールでやっているような動きなので、難しく考えないでキャッチボールの足使いをイメージすればいいと思います。

毎日の状態を把握して修正する

バッターはいろいろと考えながらバッティング練習をしているのがわかります。何を考えているかまではわかりませんが、同じ方向に同じような打球を繰り返し打つ人もいれば、何本か引っぱったあとで、センター方向へ打って、次に反対方向へ打ってというのをルーティンにしている人もいます。

そうやっていろいろと試したり、修正したりする時に、打撃投手の球がインコースに行ったりアウトコースに行ったり、高めに行ったり低めに行ったり、速くなったり遅くなったりしたら、やりづらいでしょう。

バッターが何日もかけて試行錯誤することもありますから、打撃投手のボールが昨日と今日とでまったく違ってしまったら、それも調整がやりづらくなります。一度打撃投手の担当者が決まったら、ずっと変えないのはそういう理由もあります。

いろいろと変えて調整するのはバッターのほうであって、打撃投手のほうはあくまでも一定の球を一定のところに投げるのが理想です。

しかし、精密機械ではないので、打撃投手の状態は日によって変わります。なので、その日の傾向や状態をすぐに察知して、毎日同じような球を投げられるようにするのも打撃投手の大事な仕事です。

今日は少し抜け気味だな（左投げの私の場合は左打者の内角高め寄りにズレる）、今日は引っかけ気味だな（左打者の外角低め寄りにズレる）、左右にブレがあるな、というように、その日の傾向を見定めて微調整を繰り返していきます。

修正のポイントは肘の位置とタイミング

私の場合、コントロールの修正方法は本職の投手時代から変わりません。ただ、感覚の話なので、言葉で上手く伝わるかどうかわかりませんが頑張って説明してみます。

まず、ボールが左右にブレる時は、「腕のタテ振り」を意識します。肘の位置を上げて、まっすぐタテに腕を振るイメージです。それによって左右のブレ幅を狭められることがあるのです。

抜け気味か、引っかけ気味か。これはボールを放すタイミング（リリースポイント）の調整で対応します。

先ほど、下半身の動きの話の中で後ろから前への重心移動に連動させて投げるということを述べました。その重心移動している間の、どのあたりでボールを放すかによって腕振りのタイミングが変わります。

早め（まだ重心が後ろに残っている）にリリースすると、腕が先に出るため、「抜け気味」から「引っかけ気味」へと修正されます。

逆に、遅め（すでに重心が前へ移動した）にリリースすると、腕が遅れて出るため「引っかけ気味」から「抜け気味」へと修正されます。

といっても、そういう意識で投げているだけで、実際映像で分析をした時に、肘の位置がどれくらい上がっているか、あるいはリリースのタイミングがどれだけ前後しているかはわかりません。数ミリ単位のことかもしれませんし、まったく変わっていない可能性だってあります。

若い打撃投手たちにも「自分の中で引き出しを持っておかないといけない」という話をします。日によって感覚は変わりますので、わずかな修正によって変わるということがわかれば、パニックになることがありません。

どうしてもまとまらない日もある

なんにも考えないで、普通に投げて、思ったところにビシビシ投げられるという絶好調の日もあります。私の感覚と動作がピッタリ合っているので、投げたボールも思ったところに行き、修正の必要まったくなし、そんな日もごくまれにあります。

逆に修正を繰り返しても、どうしてもピッタリのところにまとまらないという日もあります。なぜそうなるのかがわかれば防ぎようもあるのですが、どうしても私の感覚と動作が合致しないのです。

そんな日は練習後に「ごめんごめん。今日はバラバラでどうしようもなかった」とバッターに謝ります。選手は「全然大丈夫ですよ」と言ってはくれますが、気を遣ってくれているのだとわかります。

もちろんボールの連続で練習にならないといった「事故」まではいきませんが、バッターが試合前にやっておきたい高いレベルのサポートができなかったと、心の中で申し訳ない気持ちになります。

プレッシャーと上手く付き合う

いつもなら簡単にできることが、緊張すると上手くできなくなってしまうというのは誰もが経験することだと思います。

どの程度の出来事で緊張するか、どの程度の緊張を強いられるか、どの程度できなくなってしまうかは、これらは大きな個人差があります。ほんの些細《ささい》なことで激しく緊張してボロボロになってしまう人もいれば、緊張はしても大きく崩れない人もいます。一般論では片付けられないほど個人によって違います。

基本的には「慣れ」によって緊張感は和らげられ、はじめは上手くできなかったことも少しずつ実力どおりできるようになっていきます。しかし、すっかり慣れたはずだったのが、小さなことから突然大きく歯車が狂ってしまうこともあります。

打撃投手にとってもっとも難しいのは、こうした心理的な重圧との付き合いです。医学的な定義とは違うかもしれませんが、今まで普通に投げていた打撃投手が、ちゃんと投げられなくなってしまうのを私たちは「イップス」と呼びます。

私の感覚で言うと、もし打撃投手が１００人いたとしたら、半数の50人がイップスになり、うち半数の25人が打撃投手をやめてしまう、それくらいの頻度で発生しているように思います。

深刻な職業病「イップス」

そんな深刻なイップスですが、正直なところ、その実態についてはよくわからないことばかりなのです。必ずしも経験のない若手だけがなるわけではなく、経験豊富な打撃投手がなることだってあります。私も本当にイップスにならないようにと注意しながら投げてきました。

典型的なパターンは「たった1球のデッドボール」から始まるものです。

チームを代表するような主力打者に対して、球が抜けてしまい、体に当ててしまう。一流の打者の多くはバッティング練習を非常に大事にしています。1球たりとも気を抜いたスイングはしません。私の目には、そういう練習を積み重ねているからこそ一流の打者になれたのだと思います。バッティング練習中はひとりの世界に入って、意図を持って打席に入り、私の状態をチェックします。その様子はピリピリしていて怖いほどです。

打撃投手もそれがわかっているからこそ、緊張してしまい、手元が狂って抜け球となってぶつけてしまう。私からすれば、そりゃあ緊張すればそういうこともあるかもしれないよなと言ってあげたいけれど、投げた本人を含め、バッティング練習を見ている監督やバッティングコーチからすれば、「絶対にあり得ないこと」なのです。

その1球の次の球は、絶対にぶつけられないと考えて、引っかけてワンバウンド、もうこうなると、頭で考えていることと動作が結び付かなくなり、「引っかけワンバウンド」しか投げられなくなってしまいます。このパターンはとても多く見てきました。

イップスの謎は深い

そうした特別な1球がなくてもイップスになることはあります。何球かボールが続くだけでも、打者の練習時間をムダにしてしまうという意識からパニックになるのです。ストライクを投げることでお金を稼いでいると意識すればするほど、投げられなくなってしまいます。だから、遊びではいくらでもいい球を投げられるのに、「仕事場」では投げられなくなってしまうのです。

こんなこともあります。先にも述べたように、打撃投手と兼任して別の裏方の仕事をしていた人が、やはりイップスになってしまいました。そこで、別の仕事をメインにして、兼任で打撃投手もやるという契約に変更しました。試合前のバッティング練習ではなく、若手のアーリーワークなどで普通にいい球を投げることができます。

ここで紹介したような事例以外にも、本当に本人には自覚がないけれども、ある日突然イップスになってしまったという人もいます。

そして、いずれの場合でも例外なく、バッティング練習という仕事場以外では、これまでどおり普通に投げることができるんです。

人間の心とは本当に不思議なものです。

バッターとの信頼関係をつくるまでが大変

打ちやすい球を投げる技術を習得しても、打撃投手にはそれを安定して繰り返せる再現性が必要です。ところが、いろんなことが精神的、心理的重圧となって邪魔します。

そのうちのひとつがバッターとの信頼関係です。

野球中継の解説者が「同じ球を投げても、コントロールのいいピッチャーはストライクを取ってもらえて、コントロールの悪いピッチャーは取ってもらえない」というのを聞いたことがあると思いますが、打撃投手にもそれがあります。

たとえば私が投げていて、ちょっとボール気味かなという球がいってしまったとしても、バッターが打ってくれるんですよ。

ところがまだあまり一緒に練習していないような若い打撃投手だったりすると、同じ球でも打ってくれずに見送るんです。別にそれは意地悪をしているわけじゃなくて、ストライクかボールかのジャッジに、投げている投手が誰なのかが関係しているんですね。

それは、信頼関係だと思います。ずっと一緒に練習してきていれば、過去にたくさん投げて打ってきたボールへの評価が影響を与えている。でも、評価が固まっていない打撃投手には、辛《から》めのジャッジが出てしまったりする。やっぱりそういうのは絶対にあると思います。

打撃投手にとって、投げた球を見送られるのはつらいことです。心にズシリと重くのしかかります。でも、その評価が定まらない時期を乗り越えて、打者との信頼関係ができれば一気に楽になります。

難しく考えない、やさしくなりすぎない

バッティング練習は、打撃投手が投げた球を打者が打つことで成り立ちます。ふたりで一緒にやっているわけです。もちろん私は一生懸命狙いを定めて、そこに行くように投げていますが、その一方で、少し人任せな考えも持ちながら投げています。

多少、上下左右にブレても、ある程度はバッターが勝手に打ってくれるだろうというように。私も仕事、バッターも仕事。カバーしあって一緒にいい仕事ができればそれが一番です。

イップスになった人の話を聞くと、「私が○○しなければいけない」とひとりで背負い込んでしまって、それで体が動かなくなってしまう人が多いようです。

相手を信用して、相手を頼って、適当に進めていくという、「緩い心」でいることも

大事なのではないかと思います。

たまにメディアの取材を受けると、「それまで打者を抑えるのが仕事だったのが、打者に気持ち良く打ってもらう仕事に変わって、心境の変化はありますか」とか、「今度は打たせるようにしないといけないのだから、難しいですよね」とか、そういった質問をされたりします。正直、そんなふうに難しく考えたことがありません（笑）。

支配下の投手だったのがクビになった。それで新しい仕事として、打撃投手をあてがわれた。それ以上でもそれ以下でもないので、与えられた仕事を毎日きちんとやっていくだけのことです。

そりゃあ難しく考えようと思えば、いくらでも難しくなるのでしょうが、相手は一軍で活躍するいいバッターなんですから、たとえ抑えようと思ったって打たれるでしょう。勝手に打たれるんですよ（笑）。

だから、考え方ひとつなんですよね。気持ち良く打ってもらおうだなんて、そんなやさしい考え方をしなくても、ただ私がやれと言われたことをやって、ただ投げさえすれば勝手に打たれる。やさしくなって、気を回したりしすぎると、かえって私が苦しくなるばかりですよね。

いちいち難しく考えないで、次の日の朝になったら私の仕事をやるだけ。そうすれば、心を軽くしておけるんじゃないかと思います。

打撃投手の難しさは説明が困難

バッターやバッティングコーチなど現場の関係者に聞いてもらえば、打撃投手は大事な練習パートナーだと言ってもらえる自信がありますが、それ以外の人、特に現場から遠く、損益の計算に携わる人たちには、打撃投手の重要性、必要性はなかなか理解してもらえず、極論すると「誰にでもできる仕事」「短時間労働の楽な仕事」「無駄なコスト」といった感じで見られることがよくあるようなのです。私の耳に直接入ってきたことはないのですが、どこの球団でもそういうことがままあるようなのです。

だったらやってみなよ、そう簡単な仕事じゃないんだから……。

そう言いたくなりますが、何がどう難しいのかを説明するのがなかなか難しい。確かに仕事内容自体は、そんなに難しそうに見えないでしょう。一番の難しさはイップスが頻発するような精神的な部分なのですが、そもそものイップス自体、正体を説明できません。

どういう時になりやすいかとか、どんな心理状態になっているかとか、そういうことは経験者から聞くことができますが、どうすれば予防できるのかは確たる答えが見つかりません。いったい打撃投手の何が難しいのかと説明するのが難しいのです。

イップスを克服して、打撃投手に復帰する人もそこそこいます。どのように克服したのかと聞くと、例外なくとにかく数を投げて、克服したといいます。

謎に満ちたイップスですが、技術を上げることで克服している人がかなりいるのを見ると、メンタルと技術と両方が関係しているように思います。私も子ども時代から球数については めちゃくちゃ投げてきた自信がありますので。

なんにも教えられない

第2章でも書きましたが、小さい頃からボールをおもちゃにしていて、暇さえあればボールを投げて遊んでいました。その積み重ねがボール扱いを上達させ、コントロールを良くしたのだと思っています。

そんな感じなので、少年野球の頃から、コントロールで苦しむことがなく、コントロールを良くするため、という意識で練習をしたこともありません。

たまに近所の少年野球の監督さんから、「この子、ちょっとコントロールが悪いんですけど、どうしたらいいでしょうか」と聞かれたりするのですが、「投げて覚えるしかないですね」と身もフタもない答えしかできなくて困ることがあります。

若い打撃投手から質問されることもあります。

「インコースとアウトコースは、どういうふうに投げ分けるんですか」と聞かれたので、「あそこらへんに投げたいと思って投げれば、だいたいそこらへんにいくじゃん」みたいに答えたら、「もう濱涯さんには聞きません」と言われてしまいました（苦笑）。

でも、本職のピッチャーの人だって、インコースとアウトコースで投げ方が違えば、バッターにバレてしまうわけですから、感覚的にあのあたりを狙って投げようと思って投げているんだと思うんですよ。とにかく、コントロールというのは個人の感覚のことなので、教えようがないと思っています。

それに関係する話にもなりますが、この本の「はじめに」で、打撃投手の難しさ、大変さを多くの人に理解してもらいたいといったことを書いたのですが、正直に言うと、投げられなくなったり、イップスになったりして辞めてしまう人がたくさんいる、故障して辞めていく人もいるということは言えても、私自身の体験談としては語れません。

だから、「打撃投手なんて誰でもできるだろう」などと言われると、辞めていった人たちの顔が思い浮かび、「どれだけ大変なのか知りもしないで」と悲しくなるのですが、ただ私自身もそれがどれだけ大変なことなのか本当のところがわかっていません。

その点は、この本をつくる中でも、もどかしさを感じています。

投げて感じるいい打者とそうでない打者の違い

私が投げていて感覚的に思うことなのですが、一流の打者と評価されるようなバッターのほうが、1球1球考えながら、集中力高く大事に打っている感じがあります。

一軍に上がったばかりの駆け出しの若いバッターに投げることもありますが、そういうバッターのほうが何か淡々と打っている、言葉は悪いですが「ただ打っているだけ」と感じることがあります。

もしかしたら若いバッターたちのほうが量は多く練習しているのかもしれませんが、質という意味では一流選手たちには遠く及ばないように思います。

だからこそ一流選手になれたのだということかもしれませんし、数をこなすことによって技術力が身につき、その次の段階に進めるのかもしれません。バッターではないので、そのあたりのところまではわからないのですが、練習の質に違いがあることは投げていても確実に感じます。

井口は真ん中低めを右中間へ

長い長い25年のホークスでの打撃投手人生では、いろんなバッターを担当させてもらいました。

打撃投手になって最初に専属になって投げたのが井口《いぐち》資仁《ただひと》と城島健司でした。まだ打撃投手として駆け出しだった頃なので強く印象に残っています。

井口のバッティング練習は、真ん中低めを右中間にホームランです。

試合ではコースに逆らわず、レフトにもセンターにもライトにも放り込んでいましたが、練習ではひたすら真ん中低めをゴルフのパンチショットのような打ち方を繰り返し、逆方向、右中間方向にとんでもなく飛ばしていました。

特にそこに投げてほしいと言われたことはないのですが、打撃投手とバッターは打ち方や、打ったあとの反応で会話をするようなところがあります。バッティング練習の時間、打撃投手が投げたストライクはもちろん全部打ってくれるのですが、井口にとってはこの真ん中低めを右中間へ放り込むことで、感覚をアジャストしていたんだと思います。あるいは、その感覚だけ合わせておけば、他のコースは試合でも対応できるということだったのかもしれません。

「ああ、井口はこれを繰り返しやりたいんだな」と私は感じたので、ずっとそこに投げ続けていました。

城島は内角をレフトポール際へ

城島健司も独特なバッティング練習をしていました。まず、打席での立ち方からして個性的で、バッターボックスのラインいっぱい、めちゃくちゃホームベースに寄って立っていました。

バッティング練習のイメージとして残っているのは、インコースばかり投げていたことです。ホームベースに寄って立つというのは、インコースに対して絶対的な自信を持っているということを意味します。

それだけ近いと、インコースのボール球はほぼ体に当たりそうなところに行くことになるのですが、調子がいい時の城島はそれを簡単にホームランにしていました。

普通、その球をジャストミートするとファウルになるのですが、見事なバッティングでレフトポールの内側に入れていました。城島のスイングは体が素早くくるりと回り、わずかに遅れて押し込むような独特のスイング軌道でした。

当然、他球団にもインコース打ちが上手く、ホームランにできるということは知れ渡っていて、試合でインコースを攻められるということはほぼありません。それでも試合前のバッティング練習では気持ちよさそうにインコースを打つので、私もずっとインコースを狙って投げていました。

やはり、インコース打ちをすることで、スイングのバランスを整えていたのだと思います。試合になれば、ベース寄りに立っていた恩恵もあり、アウトコースのボールでも楽々と引っ張り込んでスタンドインすることもありましたし、ライト前に軽打することもありました。

集中力がすごかった小久保

現在ホークスの監督を務める小久保裕紀のバッティング練習も印象に残っています。狙いどころはインロー、内角低めでした。同じインコースでも城島はやや高め、小久保は低めが好きでしたね。

特徴的な大きなフォロースルーのせいもあって、ゆったりしたスイングに見えるのですが、かちあげるようなインパクトの瞬間、バットのヘッドスピードは相当速かったのではないかと思います。まさにホームランバッターのスイングでした。

バッティング練習に取り組む姿勢も強く印象に残っています。ストイックな求道者という感じで、ものすごい集中力を感じました。

1球たりともおろそかにせず、思ったように打てなかった時には悔しそうにしていました。とにかくバッティング練習に入ると雰囲気がガラリと変わるタイプでした。

試合がない練習日には、決まってスローボールを打つ練習をやっていました。打撃投手が普段投げる場所から山なりでストライクを投げるのは難しく、私でもボールが多くなってしまいました。投げるのも難しかったですが、打つのも難しいはずなのに。小久保はかなりの高確率でホームランにしていました。バッティングのことはよくわかりませんが、ホームランを打つための技術を磨いていたのだと思います。

ジャイアンツに移籍して戻ってきた時に「またお願いします」と専属を頼まれた時にはとても嬉しく思いました。バッティングコーチと打ち合わせをするより前に相談にきてくれたようで、「一緒に組む右の打撃投手は誰にしましょうか？」と意見を求めてくれて、寺地健が担当することになりました。選手から直接担当してほしいと言われたり、担当決めの意見を求められるケースはほとんどありませんので、意気に感じました。

引退する日まで担当しましたが、その時を迎えてもストイックなバッティング練習は変わりませんでした。

根っからストイックな人間なんだと思います。それは、引退しても体形がまったく変わっていないことからもわかりますよね。

松田は全部指定のルーティン

松田宣浩の試合前バッティング練習は、「全部指定」という独特なものでした。最初は、「外をお願いします」と声をかけられるので、アウトコースを投げていきます。3球くらい打つと、次に「カーブをお願いします」と声がかかるので、カーブを5球くらい打つと、「インコースをお願いします」と言いますので、そこからは内角を続けます。最後、ラスト3球の合図があると、アウトコース、インコース、アウトコースで終わりです。

毎回必ずこれをやっていました。コースを指定されることはたまにありますが、ここまで徹底してコースを指定し、さらに試合前バッティング練習を、「あれやって、次にこれやって……」と、完全ルーティンにしていたのは松田だけでしたね。

意外だった内川のバッティング練習

松田ほどではありませんが、内川聖一はバッティング練習の始まりは必ずライト方向に何球か打つというのをルーティンにしていました。私が投げる球は真ん中ですが、初めはそれを右方向へ打ち、次に普通に引っぱってという流れでした。

横浜ベイスターズから移籍してきた当初、思っていたのと全然違うバッティングにびっくりしたのを覚えています。

ベイスターズ在籍時に首位打者を獲得するなどアベレージヒッターとして有名な選手だったので、コンタクトの上手な中距離打者というイメージを持っていました。

だから、バッティング練習ではライナー性の打球を打つのだろうと勝手に決めつけていました。

ところが、実際に練習が始まると、めちゃくちゃ飛ばすんです。

スイングの雰囲気とか打球の捉え方、そして打球の上がる角度などから、だいたいこれくらいの飛距離だろうな、あのあたりまで飛びそうだなと知らず知らずのうちに予想しているのですが、内川の場合、いつもその予想をはるかに上回る飛距離が出ていました。

おそらく、上から叩くような軌道でスイングしているので、インパクトの時にいいスピンがかかって、打球が伸びていくのではないかと思います。

もちろん正確にコンタクトする能力は非常に高いので、状況やカウントによって必要とされる打ち方をするため、いつもホームランを狙うタイプの打者ではありませんが、やろうと思えばいつでもホームランが打てるのではないかとさえ思いました。

内川のように、バッティング練習で予想よりずっと打球が飛ぶというタイプのバッターはそんなにたくさんはいません。私が担当したバッターでは、あと多村仁志もそのタイプでした。

大道、川島……左キラーはミックスで準備

あと、強く記憶に残っているのは、先に述べた「ミックス」を注文したバッターです

ね。

試合前のバッティング練習でコースを指定する選手自体が非常に少ないのですが、さらにミックスとなると数えるほどです。

現在、三軍でバッティングコーチをされている大道典良さん（当時の登録名は典嘉）は、私が担当をしていた頃、ＤＨや外野手でも出場していましたが、「代打の切り札」として出場することが多くありました。

その時は決まって試合前バッティング練習では「ミックスで」と注文されました。先にも述べましたが、私はミックスと言われると楽しんでやっていましたが、大道さんは集中力高く試合を想定して練習していました。

もうひとりミックスを注文することが多く印象的だったのが川島慶三。ガッツあふれるプレースタイルで、ムードメーカーでもあった川島も大道さんと一緒で「左キラー」の異名を取っていました。

左右併用で使われることが多かったので、スタメンではない日はとっておきの代打でした。そんな日は試合前のバッティング練習はミックスで準備していました。

中心選手に投げるほうが簡単

過去の名選手たちを振り返ってきましたが、現在担当しているバッターたちも、負けていないと思います。

今、私が担当しているバッターは、柳田悠岐選手、近藤健介選手、中村晃選手が固定ですが、今年は柳田選手が離脱しているため、その代わりに柳町達《たつる》選手、あとは場合によって栗原陵矢選手や正木智也選手、周東佑京選手に投げます。

NPBを代表するようなバッター、チームの浮沈を握るような大事なバッターを担当させてもらっていることには責任も感じますし、やりがいも覚えます。

でも本当は、こういう中心選手に投げるほうが打撃投手は楽なんです。

技術的に未熟なバッターだと、ど真ん中にいっているのにミスショットすることもあります。すると打撃投手は、「あれ、回転が悪かったかな」とか「スピードがバラついていたかな」とか、私が悪かったのではないかと不安を感じるようになってしまいます。

先にも述べましたが、打撃投手は常に「できて当たり前」という重圧にさらされているので、だんだんと疑心暗鬼になって悪循環にはまっていってしまうのです。

その点いいバッターは、どこに投げても、ちょっとズレてもきれいに打ってくれるので、逆に楽な気持ちで投げられます。すると球も良くなっていくという好循環に入っていきます。

そう考えると、若い打撃投手はこのハードルを乗り越えて、未来の一流選手と一緒に成長していく必要があるといえます。

柳田は打撃練習で雰囲気が変わる

一流選手はみんなそうなんですが、バッティング練習をする時は雰囲気が変わります。柳田選手は普段からいつもにこやかで、冗談を言っているタイプなのですが、バッティング練習の時間だけは別人のように真剣に集中していて、怖いくらいです。

あまり何も考えていないような印象があるかもしれませんが、バッティング練習の間はめちゃくちゃ考えながらやっています。

というのも、バッティング練習が終わったあと、再びいつもの気さくな柳田選手に戻って、私にいろいろと話しかけてくれるんです。

「ちょっと構えを変えてみたんですけど、どうですか?」とか、「バットの出し方を変えてみたんですけど」といった感じに。

たぶんグリップの位置を上げてみたり、スイングの軌道に細かい修正を加えたりしているのではないかと思います。

ただ、私はまったく気づかないレベルの話なので、わからなかったと返事をすると、その話はそれっきりです。

とにかく1球1球、何かを考えたり試したりしているのは間違いないのですが、キャラクター的に何を考えているかまではわからない(笑)。

思いどおりに打球を飛ばす近藤

近藤選手は、みなさんもおわかりのとおり、超一流、ものが違います。すごいです。

試合前のバッティング練習では、打つ打球、打つ方向を決めて打っているなとわかる時があります。

私はいつも同じど真ん中を目がけて投げ続けていますが、ライトに打ったりレフトに打ったりと、きれいに打ち分けています。

それはコースに逆らわずに打ち返すということではなく、おそらく試合中の状況を想定して、打球方向に縛りをかけているのだと思います。

たまたま私が投げた球がインコースにズレたとしても、あえておっつけるようなバッティングでレフト側へ打ち返すことがあります。逆にアウトコースに少しズレても強引に引っ張り込んでライト側へ打つこともあります。

そういった意図を感じる練習をしますし、それ以上に、どんなボールでもきれいに捉えるコンタクト能力の高さ、打球を飛ばす技術に驚かされます。

出てきた時から異彩を放っていた中村晃

だいたい専属で担当しているバッターにだけ投げるのですが、シーズン中に故障や一二軍の入れ替えなどがあれば、臨機応変に投げるバッターが変わることもあります。

中村選手が一軍で活躍し始めた頃、私が投げた時、「ああ、このバッターは主力になるぞ、出てくるぞ」と感じました。今でも覚えています。

なぜそう感じたかというと、私が投げて多少バラついても、まさに一流選手のように芯で捉えた打球をきれいにレフトへライトへと打ち返してくれたからです。

ヒットにできるポイントをたくさん持っていて、対応力が高いというのがすぐにわかりました。

まだ試合に出始めたばかりの頃でしたが、バッティング練習での集中力は一流選手から感じるようなものでした。

その後はストイックな練習態度で努力を重ね、最多安打のタイトルを獲得するなど、まさに一流打者へと駆け上がっていきました。

あの王貞治会長から「打撃職人」と称されるくらいですから、試合前のバッティング練習はとても気を使います。もちろん、どの打者に対しても気を使って投げているのですが、中村選手が打撃練習で求めていること、やりたいことが伝わってくるだけに、なんとかそれに応えたいと思うのです。

一言で言うなら、中村選手が打ちたい場所がけっこう狭いんです。「真ん中内寄りの低め」です（笑）。

いや、そこしか打てないとか、打たないということでは全然ないんですよ。多少ブレたところできれいに打ち返してくれます。

でも、お互いの信頼関係があるので、高いレベルを求められているのがわかるというか……ちょっと説明が難しいのですが。

中村選手はバッティング練習の間ずっと、その「真ん中内寄りの低め」をライトへ打ったり、レフトへ打ったりといろいろ考えながら打ち続けたいのがわかるんです。

なので、私はそこを目がけて投げていますが、全部が全部とはいかないです。いかないけどきれいに打ってはくれる。

でも、本心は見えているんです。本当は違うんだな、本当はここだけが欲しいんだなっていうのが私にはわかっているんです。

「わかっているけど、ごめん」と思いながら投げています。

進歩を見せる選手たち

あと、私が投げている選手でいうと……柳町選手は見てのとおり、「バットに当てる天才」みたいなバッターです。バットコントロールが良いので、どこに投げても芯で捉えます。それは投げていても、すごいなって感じます。打撃投手からすると投げやすいバッターですね。

栗原選手はバッティング練習の時、よく近藤選手の横に来て話をしています。近藤選手も栗原選手のバッティングを見ながら声をかけています。大きく影響を受けていると思いますよ。

具体的にどういう意識でバッティング練習に取り組んでいるのかまではわかりません

が、いろいろ試行錯誤しながらやっているのはわかります。

周東選手は、調子の良し悪しがわかりやすいんです。そのままパフォーマンスに出てしまう。もちろんそれは本人もわかっていて、バッティング練習が終わったあと、よく私にも話しかけてきてくれます。

「なんか今日はおかしかったですよね」とか「今日めっちゃ良かったですよね」とか。

「そうやな」くらいしか返事はないんですけどね。こっちはバッティングのことはよくわからないから（笑）。

正木選手は、去年まではかなり違ってきたなと思いますね。技術的にどんな変化があったとかはちょっとわからないですが、明らかにミスショットが少なくなりました。

やはり練習が実を結んできたのだと思います。

打撃投手は打者の調子を感じ取っている

毎日のように同じ打者に対して投げているので、バッティングの調子の良し悪しは感じます。

周東選手のようにわかりやすいものでなくても、やはりわかりますね。

同じようにちゃんとできているようでも、「ん？　今日は調子よくないのかな」などと感じることがあるのです。

といっても、打ち方やフォームのことはわかりません。具体的にどこが悪いというのではなく、まずは雰囲気です。調子の悪いバッターは、やっぱりリアクションや表情に出ます。おそらく本人が自覚していて、それがこちらにも伝わっているのでしょう。

もうひとつは打球の方向や質ですね。いつもだったら角度がついて上がるところがゴロになったりとか、ラインドライブしたりとか。

あるいは、いつもだったらフェアグラウンドに弾き返しているインコースがファウルになるとか。打撃投手的に打者の好不調をチェックするポイントはあります。

バッティング練習が終了したあとは、必ず試合を見ていますが、練習の時の調子の良し悪しと試合での結果はあまり関係ないという印象を持っています。

練習の時にはダメだったのに、試合ではポンポン打ちまくることもありますし、逆のこともあります。

もちろん、練習どおりの結果が出ることもあるので、私の結論は「あんまり関係ない」となります。

練習での調子の悪さを自覚して、試合では修正ができたということもあるでしょうし、練習で良かったことで、かえって力んでしまうこともあるでしょう。

バッティング練習でもずっと不調だったバッターが、試合中のラッキーヒット1本でガラッと変わるというのはよくあることです。

工藤監督には「成績表」を提出していた

打撃投手の「目」を、ひとつの情報源にしていたのが2015年から2021年までの7シーズン監督を務めた工藤公康監督でした。

工藤監督から言われたのは、試合前のバッティング練習を見て、「良い（↑）」「普通（→）」「悪い（↓）」を記入したリストを提出することでした。毎回、提出してほしいと言われたので、やっていました。

私が打撃投手になったのは王貞治監督時代。その後は秋山幸二監督、工藤監督、藤本博史監督、小久保裕紀監督と続きましたが、投手出身の監督は工藤監督のみ。こうしたバッティング練習の「成績表」を求めたのも工藤監督のみでした。

ひょっとしたら、投手出身の工藤監督はバッティング練習を見て、調子の良し悪しを判断するのが難しかったのかもしれません。

管轄のバッティングコーチに任せるものの、私なりの情報網でバッターの調子を捉えておこうと考えていたのではないかと思います。

おそらくバッターたちは、私たち打撃投手がバッティング練習の状態を評価して、成績表のように提出していたことは知らなかったと思います。

それがどのように役に立ったのか、それとも役立っていないのかはまったくわかりません。たぶん、そんなには役に立っていないのではないかと思います。

実際、私も評価をつけるほど正確な目を持っていたかと言われると自信はなかったので、過度に信用されて活用されても困るというのはありました。

今、ふと思いましたが、あの「成績表」の本当の目的は、私たち打撃投手に、バッターをよく観察して、練習の効果を高めることだったのでは……まあ、それは考えすぎだとは思いますが、緊張感のある取り組みだったのは間違いありません。

豪華！　ホークスのスタッフゴルフ

選手たちは選手たちで連帯感を持って1シーズンを戦っていますが、私たちチームスタッフもほぼ選手たちと一緒に動いてシーズンを戦っています。

といっても、人数がたくさんいますので、チームスタッフ全体で何かをするということはなかなかありません。

そんな中で、唯一チームスタッフ全員参加によるイベントが、「スタッフゴルフ」です。チームのゴルフコンペには、「球団ゴルフ」「選手会ゴルフ」がありますが、それとは別にあるこのスタッフゴルフもなかなか盛大です。

なにしろホークスの場合、一軍、二軍、三軍、四軍まであり、それぞれ人数の規模は違いますが、スタッフが協力し合って運営しています。

このスタッフゴルフに限っては、一軍から四軍までのチームスタッフが全員集合します。

特筆すべきはその賞品の豪華なこと。協賛として選手会からも賞品を提供してくれますし、選手個人でも賞品を出してくれるので、それはそれはすごいです。きっとみなさんが見たらびっくりすること間違いなしです。

恒例行事になっていますが、こういう豪華賞品を出してくる伝統は、小久保監督が現役バリバリの頃、斉藤和巳たちと一緒にやってくれたのが始まりだったと記憶しています。

彼らはいつもチームスタッフを気にかけてくれて、「裏方さんに感謝」といったことを公の場でも言ってくれていました。

おかげさまで、たぶん12球団で一番豪華なスタッフゴルフが開催されています。本当にありがたいことです。

現役選手たちとの接点

遠征に出かけると、外で飲み食いするのが野球関係者のささやかな楽しみです。スタッフ同士で出かけることもありますが、選手が声をかけてくれることもあります。バッターたちにとって、打撃投手はもっとも身近な裏方だからでしょう。私も若い頃は、しょっちゅう選手から外食に誘ってもらいました。

たぶん、今の若い打撃投手たちも選手たちに連れて行ってもらっていると思います。さすがに私のような年齢だと、選手から誘われることは減りました。柳田選手は誘ってくれますが……柳田選手くらいですね（笑）。

ちょっと淋しいですが、気持ちはわかります。そりゃ若い選手たち、打撃投手たちにしたら、煙たいでしょうし、イヤでしょう。

選手たちからの気づかいといえば、試合でスポンサーなどから提供される賞品をプレゼントしてくれることがあります。

最近だと「〇〇ナイター」とか、スポンサーにちなんだ企画が行われ、賞品が提供されることがあります。

獲得した選手が、マネージャーを通じて「チームスタッフのみなさんでどうぞ」と寄付してくれると、スタッフ用のロッカールームに回ってきたりします。よくあるのは缶ビールでしょうかね。ありがたくいただいています。

スタッフ用のロッカールームは、もちろん選手用のように立派な設備ではありませんが、打撃投手、ブルペン捕手、そしてトレーナーが利用しています。それほど広くないので、広報やスコアラーなどはまた別です。

時代の変化なのでしょうか、試合で選手が獲得できる賞品の類いは昔に比べてめっきり少なくなりました。

おそらく時代の流れとして、スポンサーにとって宣伝効果の高いものを企画したほうが球団の収益にとって有利という方向性なのでしょうね。

昔は二塁打賞とか盗塁賞とか、なんだかいろんなのがあった記憶があります。聞くところではセ・リーグは今もまだあるのだとかなんとか。

まあ、なんにせよ選手が獲得するものであって、なんとなく「裏方さんでどうぞ」みたいなことが昔からあっただけのことです。

監督やコーチとの接点

裏方の中で、コーチングスタッフともっとも密接な関係があるのはトレーナーでしょう。選手のコンディションについては、実際に体を触って把握している職務ですので、コーチ会議にも出席しています。

打撃投手は管轄のバッティングコーチとは日頃から一緒にやっていますが、それ以外のコーチとなると、ほとんど接点はありません。

監督となると、それこそチームスタッフ全員にとって、それほど近い存在ではありません。

と言いつつも、「今日はバッピのみなさん、食事行きましょう」と遠征の際に、監督が食事会に誘ってくれたりもします。チームスタッフも全体だとあまりにも大所帯なので、部署ごとに誘ってくれています。

工藤監督はちょっと変わっていて、北海道遠征とかに出た時に、お土産を家に送ってくれたりしたんです。私たちも一緒に来ているんですけど、家族あてのお土産を増やしてくれる感じです。

性格的な違いというか、価値観の違いというか、スタッフへの気づかいにも個性が出ているように思います。

もちろん私にしてみれば、食事会をやってもらうのも、家族にお土産を送ってもらうのも、どちらも大変ありがたく思いました。

両バッティングコーチとの関係も良好

今年のバッティングコーチ陣は、村松有人コーチと村上隆行コーチのふたりです。私が長いことやっているのもあるのでしょうが、打撃投手のことは私の意見を取り入れてくれますし、ある程度私たちに任せてくれるので、とてもやりやすいです。

キャンプでのバッティング練習についても、あまり負担がかからないように、ひとり

30分にしてもらうようお願いして、聞いてもらいました。

　このあたり、できるだけ無理をさせないというのは、若い打撃投手たちに配慮したもので、時代に即した変化です。私もすべて私を基準にせず、若い子たちに合わせることも考えていかなくていけません。

　ふたつ下の村松は昨年までは守備走塁コーチで、今シーズンからバッティングコーチになりました。

　まだ慣れないのもあり、キャンプでのバッティング練習では、ストップウォッチを押し忘れたりしていたので、私が指摘して叱咤激励しました（笑）。

　ふたりのバッティングコーチには、とても働きやすい環境をつくってもらっています。

2024年小久保監督のコミュニケーション改革

　これを書いているのは2024年の8月初旬ですが、今シーズンのパ・リーグはホークスが独走状態を築き、すでにマジックナンバーが点《つ》いたり消えたりしている状態です。

今季のホークスについて気づいたことを書いてみたいと思います。

今年、小久保監督に代わって、現場で感じる大きな変化は、コミュニケーションを取ることにものすごく力を入れていることです。

私たち打撃投手という部署は、本当に何十年も変わらないで同じような仕事を同じようにやっているのですが、それでもキャンプが始まる前に、小久保監督から「今年のキャンプでは、全員、常に帽子着用で徹底することにしますので、バッピのみなさんもお願いします」と言われました。

２０２４年のチームスローガンは「ＶＩＶＡ（ビバ）」。

それに込めた思いを小久保監督は、「強いチームを取り戻す。その中で個人が美意識を持ちながら。最終的には優勝してファンの皆様と喜びを分かち合いたい」と言いました。

しっかりと言葉で思いを伝え、その表現として、練習中はだらしなく見えないようにいつでも帽子を被ることにしたと、わざわざ打撃投手にも伝えてくれました。

打撃投手は、バッティング練習中に球拾いを手伝いますが、その時に帽子を被らない人もいたので、私は部署のリーダーとして、みんなにも徹底するように言いました。

これは打撃投手の部署にあったひとつの事例です。小久保監督は自ら積極的にコミュニケーションを取っています。

コミュニケーションの分岐点

私もプロ野球界に長くいて、今ふたつのやり方がせめぎ合っているような気がしています。

ひとつは、昭和の時代から続く「軍隊式」を意識した組織運営。私たちはそういう環境で長く野球をしてきました。

監督が各担当コーチに指示を出し、担当コーチが担当部署の選手たちにその指示を伝える。監督が直接選手たちに接触することはない――そういうやり方です。

令和の現在、それとはまったく違うやり方がプロ野球の世界にも表れています。もちろん組織運営として担当コーチというのは存在していますが、監督も直接選手たちにコミュニケーションを取っていくやり方です。

ジャイアンツがドジャース戦法を学んでV9を達成した頃、メジャーリーグでも軍隊式に近い管理野球が当たり前でした。

それから何十年も経ち、アメリカの野球も大きく変化し、もうひとつのやり方、監督も選手たちと積極的にコミュニケーションを取るやり方が現れました。

メジャーリーグでも、中南米の選手やアジアの選手も増えて、軍隊式というよりも個人の能力を最大限活用する野球へと変わりました。それにつれてコミュニケーションの取り方もまったく違うものになっていきました。

日本の少年野球や高校野球の世界も大きく変わっています。野球しかなかった時代から、いろんなスポーツを選べる時代へ。スポーツよりもゲームが選ばれる時代へと変化しました。「軍隊式」は急激に減少しています。

これからはプロ野球の世界にもどんどん「軍隊式」を知らない選手たちが入ってきます。コミュニケーションの取り方も変わっていくでしょう。

小久保監督は選手ひとりひとりに声をかけています。選手たちは非常にやりやすそうにしています。

誤解のない意思疎通

普段から声をかけて風通しを良くする小久保監督の方針は、担当コーチ陣にもしっかりと伝わり、チーム全体で共有されています。

プロ野球のシーズンは長丁場なので、ファームを含む総合力で勝負をすることになります。当然、いろいろな理由で二軍への降格、一軍への昇格が必要です。しかし、人間誰しも降格はショックです。

降格を命じた選手に、きちんと意思を伝えることによって、モチベーションを保ち、チーム内の競争が激しくなり、雰囲気がよくなっていきます。

選手たちに普段から声をかけるといったコミュニケーションも大切ですが、降格のように選手が負の感情を抱く状況で、どのように意思疎通を図るかが、より重要なコミュニケーションだと思います。

小久保監督は、丁寧に気づかいをしているというのが聞こえてきます。そのおかげで、上から下まで一緒になって戦う集団になっているのだと感じます。

躍進のポイントは投手の「入り」

客観的に2024年のホークスの戦いを見ていて、去年から大きく変わったと思うのは投手陣の初球です。

私はピッチャーだったこともあり、結局のところ野球はピッチャーを中心としたディフェンスに尽きるという考え方なのですが、今年のホークスの強さは、ひとえに先発ピッチャーの強さにあると思っています。

昨シーズンと今シーズンを比較して、リリーフだったモイネロ投手と大津亮介投手が先発に加わったというのは確かにありますが、メンバー的にそれほど大きく変わったとは思いません。

急激にスピードが速くなったわけでも、新しい球種が使えるようになったわけでもありません。

それなのに、なぜ急に良くなったのかと元プロ野球選手なりに考えてみると、初球、2球目の入りが大きく変わったことにあるのではないかと思っています。

昨シーズンまでは、初球からコースいっぱいを狙ってボール。次の球は狙われているからとかわしにいって、怖がってボール。それでカウントを悪くして、ストレートでストライクを取りにいって打たれる……というパターンを本当にたくさん見ました。

今シーズンは初球からみんなどんどんストライクを投げ込んでいっています。そのおかげで先発投手の球数も減り、投球回数も増え、すべてがいい方向に回っています。

それが小久保監督の指示なのか、アメリカに渡ってマイナーで学んできた新任の倉野信次コーチの方針なのかはわかりませんが、現象としてカウント負けしない投球ができているのは間違いありません。

バッターの喜びは打撃投手の喜び

章の最初のほうでは、打撃投手の難しさ、苦しさ、悲しさなどを書きましたが、そういうものがあるからこそ、得られる喜びも大きくなります。

この章を結ぶにあたり、私が感じる打撃投手の喜びを挙げていこうと思います。

まず日常的な喜びは、担当しているバッターが打って活躍してくれることです。もっと打ちたいと、試行錯誤しているのを目の当たりにしています。チャンスでヒットが出ず苦しんでいる姿を、不調から脱出しようともがいている姿を見て、なんとか良くなるようにと願いながら、投げてきました。

プレーしているのは選手であって、一緒にやっているというのはおこがましいのですが、それでも気持ちはバッターと一緒になって打っています。

チャンスで1本打つ。試合を決めるホームランを打つ。ＰａｙＰａｙドームのファンが歓喜する中で喜んでいるバッターの姿を見ると、我がことのように、いや我がこと以上の喜びを感じます。

よく、新任監督が初勝利を挙げた時などに、私が活躍して勝つよりも、選手たちの頑張りで勝てた監督としての勝利のほうが嬉しいという言葉を聞きます。

私は試合に関わってもいないので、それと同じにすることはできないのかもしれませんが、それでもまったく同じように思います。

私が本職として現役のピッチャーとして活躍した時よりも、担当するバッターが活躍してくれるほうが、はるかに嬉しいのです。

優勝はみんながハッピーに

私が現役だった頃、それまで不振を極めていた福岡ダイエーホークスがついに優勝し、日本一にまで輝きました。しかし、公式戦で1試合も投げなかった私は、なんの満足感もなかったことは先にも書きました。

そのオフに引退して打撃投手になり、数多くの優勝を経験しました。

やはりプロ野球人として喜びが爆発するのは優勝です。リーグ優勝も、クライマックスシリーズ優勝も、日本一もみんな最高です。

私はずっと主力の選手たちを担当してきましたから、彼らが活躍しての優勝は格別です。満足感バリバリあります。

しばらく遠ざかり、今季からまた続くと信じていますが、ホークスの黄金時代を経験しました。当たり前のように優勝し、当たり前のように日本一を続けていました。

あの頃の充実感はすごいものがありました。

仕事の充実感もありましたし、オフも充実しますからね。優勝旅行でハワイへ行くなんて家族もみんなハッピーです。

さらに、優勝すればボーナスまで出るんですから、もう充実も充実。みんながハッピー。それが優勝です。

打撃投手の幸せな瞬間

バッターの大活躍も優勝も最高なのですが、私がしみじみと幸せを感じ、心から嬉しいと思う瞬間はまた別です。

それは毎年、その年の仕事が終わる時に、担当するバッターから「ありがとうございました」「お世話になりました」と声をかけてもらうことです。シーズン最終戦でも、ポストシーズンの最後の試合でも、優勝のあとでも、納会の時でも、局面はいつでもいいんです。

担当したバッターは必ずそういう声をかけてくれます。ある意味、「こんにちは」「さようなら」と同じような、あいさつの言葉であって、深い意味はないのかもしれません。言ってくれるバッターにとって、どれくらいの重みや気持ちが込められているのかもわかりません。

それでも全然かまわないのです。

1年の終わり、その節目にバッターがぽろっと言ってくれる一言。

「ありがとうございました」「お世話になりました」。

その言葉ほど嬉しい言葉はありません。本当にすごく嬉しいのです。

第3回WBCで国際大会初参加

2013年の山本浩二ジャパンの第3回WBC、2015年の小久保裕紀ジャパンのWBSCプレミア12、そして2017年小久保ジャパンの第4回WBCの3回、国際大会に参加させてもらいました。

それまでも球団から参加しないかと聞かれていたのですが、断っていました。初めて参加した2013年のWBCの頃、年齢的に42歳で「思い出づくり」に出てみようと思い立ち、球団にお願いしました。

日本代表のチームスタッフ選定方法は、まず12球団に参加してもいいという打撃投手1人とブルペン捕手1人を提出します。その24人の中からNPBが各球団1人ずつになるよう打撃投手8人とブルペン捕手4人を選び、計12人のスタッフがキャンプに参加します。

はじめて代表のキャンプに参加して、やっぱりジャパンの選手たちだと感じるものがありました。全員超一流。トップクラスだけでメンバーがそろっている感じ。これはすごいと思いました。

キャンプが終わった段階で、打撃投手は8人から6人に絞られて、国内での壮行試合に向かいました。さらにWBC本戦が始まる時に6人から4人に絞られました。2013年のWBCでは幸いにも最終の4人に残り、決勝ラウンドが行われるアメリカにも同行しました。

超一流選手たちばかりが集まるキャンプに行った時は緊張しまくりました。アメリカへはチャーターしたジャンボ機で渡りました。ひとりが横1列4座席を使って寝転がっていくという貴重な経験をしました。

この時が私にとっては国際大会初参加でしたが、ブルペン捕手を含む裏方には経験者や私より年上の人もいたので、心強く感じました。ジャパンのユニフォームは背番号104をもらいました。たぶん年齢順だったと思います。

空港に着くとジャパンのバスに乗り込み、白バイ先導のもとノンストップでホテルに直行しました。これもまた貴重な経験でした。

ホテルは選手たちみんなと同じところで、行動も一緒でした。食事は日本でおなじみの「食事会場方式」ではなく、ミールマネー（食事用の現金）が支給されました。

みんなで日本食レストランを探しに出かけました。

第3回WBC優勝はドミニカ共和国。日本は準決勝でプエルトリコに敗退し、WBCで初めて優勝を逃し、失意の帰国となりました。

小久保ジャパン始動で直々に呼ばれる

世界一奪回を期して、2013年に小久保が侍ジャパンの監督に就任しました。

その前哨戦となる2015WBSCプレミア12に参戦するにあたり、小久保監督から、声がかかりました。

決勝ラウンドは日本で開催されたこの大会、優勝は決勝でアメリカに大勝した韓国。その韓国に準決勝で惜敗した日本は、3位決定戦でメキシコに大勝し3位に終わりました。

そして、いよいよ2017年第4回WBC。打撃投手で最年長（背番号101）だった私に、小久保監督は「打撃投手のことは濱涯さんに任せる」と言ってくれました。前回同様8人から6人、さらに4人と絞られていく過程でも残りました。

無事にアメリカ行きが決まり、移動。この時の飛行機は前回大会からずいぶんとグレードアップして、いわゆるチャーター機。ひとり1席のフルフラットシートというのを体験しました。

ホテルや球場での過ごし方は、私も二度目でかなり慣れていましたし、小久保監督直々の要請ということもあって、心のゆとりもありました。

バッティングコーチにも、「打撃投手の濱涯さんに任せたらいいよ」と言ってくれていたので、私で決めてやっていました。

バッティング練習で使ったWBC専用球はものすごく滑りやすいものでしたが、問題なく狙ったところに投げられました。

普段の試合ならバッティング練習が終われば風呂に入って上がりですが、WBCの準決勝はスタンドで応援していました。

残念ながら、またしても準決勝で結果的に優勝したアメリカに敗退。この大会では3

位決定戦は行われずベスト4に終わりました。

アメリカラウンドでは勝つことができませんでしたが、日本ラウンドではいつものリーグ戦とは違う、国の威信をかけた戦い特有の雰囲気を味わいました。

緊張感は桁違いで、1勝の喜びを選手たちと分かち合いました。

それだけに敗退した時の悔しさ、落胆も大きなものがありました。

2023年第5回WBCは日本で見る

大谷選手が活躍した第5回WBCには参加していません。こうして見ると、日本は全5大会に出場し、優勝3回。

でも、私は優勝を逃した2大会だけに参加したことになります。第5回大会の盛り上がりを見て、行きたかったと心から思いましたし、参加した打撃投手のメンバーをうらやましく思いました。

ただ、この大会、日本チームの渡米組に打撃投手は入っていなかったのだそうです。

渡米するスタッフの人数に限りがあり、それで打撃投手が削られたとのことでした。

それを聞いて、とても淋しい気持ちになったのは言うまでもありません。

代表合宿と壮行試合では打撃投手が派遣されましたので、後輩たちが貴重な経験をしたでしょう。

私たちもテレビで試合を見ていましたが、メキシコ戦などは、ホームゲームの練習が始まって、そわそわしながら練習をしていたのを思い出します。

第4章　打撃投手が語る「未来の野球界へ」

目標となる先輩

「はじめに」でも書いたように、私より年上で打撃投手を続けている先輩が3人ほどいます。

最年長は千葉ロッテマリーンズの福嶋明弘さん。1967年9月生まれ、私より3つ上です。

いつも球場で会えば「ずっと投げてくださいね。ついて行きますから、引っぱってください」と話をします。ちょっとコワモテなのですが、話すととてもやさしい方です。まあ元気な方です。投げているところはなかなか見られないのですが、見たことはあります。

ムダな力がどこにもかかっていない、バランスのいい投げ方でした。

重心移動を利用して、不自然なところがない投球フォーム。私が理想だと思っているのとほぼ共通しているように思います。

やはり故障をしないためにも、球速とコントロールを維持するためにも、バランスのいい体の使い方が重要なのだと福嶋さんの投げる姿を見て実感しました。

ぜひとも2027年シーズンまで投げてもらって、60歳オーバーを達成してほしいと思っています。必ずあとを追いかけますので。

AIは打撃投手の領域を侵すか

先に、打撃投手の理想は、「一定」を実現することだけれど、機械じゃないから無理ということを書きました。

逆に機械は理想の打撃投手になれるのかどうか。

私の答えは「可能」です。

もちろん、それを開発したところで黒字になるのかとか、そんなことに乗り出す企業があるのかとか、現実化への問題は多々あると思いますが、現在の科学技術をもってすれば十分可能でしょう。

先に挙げた「規格」を振り返ってみましょう。

①　球速は100キロから110キロの間
②　球種は垂直方向のバックスピンがかかった直球（フォーシーム）
③　コースの基本はど真ん中（打者がコースを指定する場合もある）
④　投球間隔は、打者の間合いに合わせる

この規格の①、②、③は、当然機械のほうが一定を保てるはずです。問題になりそうなのが従来のピッチングマシンでは、タイミングが取りづらくて打ちにくいということですが、投球フォームを再現する人型ロボットをつくるのはさほど難しいことではないでしょう。

最大の問題は、打者の間合いに合わせるというところでしょう。打撃投手はバッターの動きを見ながら、「ちょうどいい」タイミングで投げています。

この「ちょうどいい」も、カメラを使った映像を解析してデータ化できるでしょう。加えて私たちがやっているような、バッターのリアクションや打球の質から、もっとも適した場所を調整するということも、映像の情報処理さえできれば可能でしょう。

さて、先ほど現実化のカベをいくつか挙げましたが、要するにビジネスとして成立すれば開発する企業が現れてしまいます。

世界中にどれくらいの打撃投手がいて、どれくらいの市場規模があるのかと計算していったら、意外と採算が取れてしまうかもしれません。

儲かるからやるでいいのか

私で考えておいて言うのも変ですが、世界中のビジネスマンに、たとえ計算上で大儲けできるとわかっても、どうかやめてくださいと言いたいです。

商売あがったりで、困っちゃいます。

プロ野球であれば、選手のセカンドキャリアの問題がつきまといます。クビになったピッチャーが打撃投手になって、こんなに長い間続けられるなんて、私自身でも思っていませんでしたが、素晴らしいことだと思います。こういう明るい事例を消さないでほしいと切に願います。

科学技術の発達によりできるようになった。そこまではいいと思います。でも、できるからってなんでもやっていいということにはなりません。

「打撃投手はコストがかかる」そう考える人がたくさんいると、「できるからやる」「儲かるからやる」がまかり通ってしまいます。

でも、本当に打撃投手はコストなんでしょうか。世界の野球ファンに注目されるような一流バッター。その練習パートナーは、本当に「金食い虫」なのでしょうか。

私は声を大にして言いたいです。

打撃投手を取り巻く市場環境

現実的に打撃投手を取り巻く環境は変化しつつあります。

ひとつには、「なり手」の問題です。本職のピッチャーが戦力外になり、セカンドキャリアとして打撃投手になるというのがお決まりのコースでしたが、最近ではプロ経験のない打撃投手が採用されています。

大学野球部から、あるいは独立リーグから、ダイレクトに打撃投手になった人がいるのだそうです。

憧れのプロ野球選手にはなれなかったけれど、コントロールを認められて打撃投手として球団に採用されるというのは、決して悪いことではないと思います。最近では育成契約という形で入団する選手もいますが、打撃投手の給料は、育成契約の選手年俸より上ですから、もし求人があるのであれば、いい選択かもしれません。適性があれば、50歳、60歳まで好きな野球を仕事にして生きていける可能性があるのですから。

問題は、クビになった投手のセカンドキャリアを奪うことなのですが、打撃投手になりたいという人がたくさんいるかというと、そうでもないようなのです。

球団が適性を見て、打撃投手のオファーを出しても断る人が多いという現実があるのです。

本書をここまで読んだ方であれば、打撃投手が楽な仕事でないことをある程度理解してくれたでしょう。リスクの少ない、安定した職業ともいえないので、別の道を探るという気持ちはよくわかります。

真実のところは知りませんが、球団にしても大学や独立リーグから打撃投手を採用したほうが安くすむというメリットはあるのではないかと思います。

こうした状況から、NPBを経ないで打撃投手になるパターンは増えることはあっても、減ることはないかもしれません。

バッティング練習も測定・分析

アメリカでは野球中継に高性能測定器を導入するのが流行《はや》っているようです。日本の球団もありとあらゆるものを計測して、分析して、育成に役立てたり、作戦に使ったりしているのだそうです。

私たちの職場であるバッティング練習でも何か機械が設置され、いろいろ測定しているようです。

いったい何を測っているのか、私にはわかりませんし、それがどれだけ役に立つのだろうかと疑問にも思っています。

というのも、私が「私の感覚」だけを頼りにここまでやってきたという自負があるのと、私が見てきた一流の打者も同じように感覚を研ぎ澄ませて成功したのを見てきたからです。

もっとも、科学技術を全部否定するつもりはありません。いつでも簡単に動画が見られるようになって、技術の習得は格段に楽になりました。

数字だけでは測れないもの、数字だけではわからないものがあるのを理解した上で、データも感覚も両方を大事にするのがいいと思います。

野球の技術レベルは確実に上がっている

野球の技術レベルは、確実にアップしています。

まず、ピッチャーの球速がはるかに上がっています。ここ10年くらいで150キロの速球を投げる投手が激増しました。もはや、150キロを投げられない投手は「速球が遅い」と言われかねない状況です。

さらに、変化球の種類が増えています。中には呼び名が変わっただけというものもありますが、150キロの速球を投げられるからこそ実現できる変化もありますし、ボールの回転数や回転軸を測定できるようになったことで、効果的な変化球は短い時間で習得できるようにもなっています。

それに対応しなければならないバッターの技術も当然上がっています。コンパクトにミートする技術や、打球に理想のスピンをかける技術などがその代表でしょう。地味なところでは、振りにいったバットを止める技術なども進歩しているように見えます。

さて、野球の技術がどんどんアップしている現在、私たち打撃投手のやるべきことに変化があるのか、ないのか。

今のところ、一切関係ありません。たぶんこれからも関係ないのではないかと思います。

しかし、バッターはこれまでとは違う意識で、違う課題を持ってバッティング練習をしているのだと思います。そこまでは私たちにはわからないです。

丈夫で長持ちの秘訣

大きな故障もなくここまでやってこられましたので、いろいろと秘訣《ひけつ》を聞かれることも多いのですが、これと言ってないので拍子抜けされてしまいます。

ただ言えることは、特別にいいと思うことはしていないけれど、特別に悪いと思うこともしていないということ。

結局、ちゃんと動けるというのは健康体であるということで、それはつまりバランスが取れているということ。どっちかに偏らず、だいたい真ん中のニュートラルポジションにいるということなのだと思います。

食生活では、好きなものを食べる、食べたいものを食べるを実践しています。体形はほとんど変わりませんね。ちょっと体重が増えたなと思ったら、ちょっと落とすということはします。これもバランスを保つことのひとつです。

お酒はもともとそんなに飲みません。家ではほとんど飲みません。

遠征の時には飲みに行きますが。やっぱり北海道と交流戦の東京が楽しみです。それ以外の遠征も、以前はしょっちゅう出歩いていたのですが、コロナでめっきり減りました。今も減ったままですね。

トレーニングもシーズン中はなにもやっていません。自主トレの時と、キャンプの時だけですね。

キャンプでは、20分ぐらいジョギングして、そのあと100メートルを5、6本走って終わります。トシですから、あんまり全力を出したら危ないので、少し抑え気味に走ります。

あと、他の打撃投手が投げている間は、外野に行って打者が打ったボールを拾います。はたから見ていると遊んでいるように見えるかもしれませんが、私にとっては貴重な下半身強化のトレーニングです。黙々と長時間ランニングをするのはしんどすぎてとてもできませんが、ボールをキャッチしようと追いかけていると、知らず知らずのうちに長い距離を走っているのです。

コンディショニング&ケア

投球後のアイシングもほとんどやりません。子どもの頃、肩は冷やしちゃダメと言われていて、水泳もダメでした。そのせいでアイシングをしないというわけではありませんが、ちょっと熱を持っているなと気になる時以外はやりません。

トレーナーからケアしましょうかと言われることもあるのですが、特に予防的なマッサージとかはやってもらうことはありませんね。何か気になるところがある時に、選手たちのケアが終わったあとで少しだけ見てもらったりはします。

特に大きなケガもないので、よく体が柔らかいのではないかと言われるのですが、体はめちゃくちゃ硬いほうです。股関節も硬いですし、前屈も全然曲がりません。

何が良くて丈夫なのかわからないのですが、健康です。

休む若手と休まない年寄り

コンディショニングやケガの予防についての常識は、時代とともに変わりました。特に大きく変わったのが、休養でしょうか。

仕事をしていく上での意識という点でも、「休み」の意味が変わってきたように思います。

私の世代は少々痛くても我慢してやるっていうのが当たり前でした。そういう時代だったので、休むということがまったく頭になかったです。

痛くても投げながら治すというのが当たり前でしたが、今の時代はもう違いますね。じゃあ、どこも痛くないのかというと、そんなことはありません。痛いところはあります（笑）。

でも、投げているうちに、知らない間に治っています。「これは投げても大丈夫な痛み」「これはちょっとやばいかも」そのあたりは私の感覚でわかります。

ただ、普通に投げていた人が、ある程度の年齢になったときに、急にあちこちダメになって投げられなくなったという人も見ています。

肩肘の痛みはいつくるかわかりません。はじめに肩が痛くなり、肩をかばっているうちに肘にくるんですよ。みんなそうなんです。

若い子たちがどこかおかしいと言ったらすぐ休ませます。とりあえず1回休みです。休みが長期化しないように早めに休ませて、早めに復帰できるようにします。すっかり変わってきました。

昔と比べて打撃投手の人数が増えたから、それができるようになりました。

そのように時代は変わりましたが、私は休みませんね。休んでいる場合じゃないという意識があります。

若い子たちはちょこちょこ休みますが、年寄りは頑張りますね。それは昔に植えつけられたプロ意識の違いなのかもしれません。投げることで給料をもらっている。投げるのが仕事と思っていますから。

だから、言わないけれど心の中では思っています。これぐらいで弱音を吐くなよ、ここで頑張れよというのは、もうめちゃくちゃ感じています。言わないですけど。

コントロールが悪い子は、やっぱり投げていないんです。

今の子たちは球数を制限されたりしています。

私が学生の頃に投げた球数と、今の子たちが投げた球数は全然違うんです。私たちはアホみたいに投げさせられた時代ですが、それでコントロールがついたと思います。

WBC優勝を見て

5回のうち3回もWBCで優勝できる日本の野球を誇りに思うとともに、これからも世界一が続けられる日本であってほしいと思いました。

強さのポイントは、野球人口の裾野の広さが挙げられるでしょう。大谷選手のようなトップ・オブ・トップが誕生するのも、リトルリーグに代表される少年硬式野球に始まり、軟式野球、ソフトボールと入り口もいろいろあります。

私が小学1年生から硬式野球をやってきたという経験から、もっと硬式野球が普及してもいいのにという思いはあります。一部にはボールの重さから、故障しやすいと思われているようですが、球が重いからこそ小手先ではなく体の芯を使った動作や、バランスの取れた動きを身につけることができると思います。

習慣のようにボールに触れていることで指先の感覚が私のものになります。

私は硬球を投げると肩肘を痛めるとかも一切思いませんし、たくさん投げると壊す、壊れるというのもわかりません。私は子どもの頃から、今までいっぱい投げてきたのに壊れていないんですから。

数を投げると壊れるという説だけでなく、正しくない投げ方をすると壊れるという説についても、もっと十分に検証してもらいたいと思います。

そして、打撃投手を帯同させるＮＰＢであってほしいと思います。

潮時とは

私は1年でも長く打撃投手をやりたいと考えています。そんな中で、「60歳までやりたい」というのが比較的近い目標です。いや、決して近くないことはわかっていますが、前を行く福嶋さんが本当に近いところまで来ているので、なんとかついていきたいという思いがあります。

この世界に長くいますが、60歳というのはさすがに聞いたことがありません。還暦という区切りに到達した時、何が見えてくるのか、それを楽しみにこれまでと変わらない毎日を過ごしていくつもりです。

そうはいっても、いつやめなければならない日がやってきてしまうのかわかりません。少し私なりの限界点を考えておくことにします。

まずは故障でしょう。先にも書きましたが、肩肘の「致命的」な故障はいつやってくるかわかりません。知らないうちに進行していて、ある日表面に出てくることもあるからです。これまでどおり使っていい状態をキープしていきます。

そしてイップスです。これについてはならないよう細心の注意を払っていますし、ならない自信もありますが、やはりいつなるかなんてわからないものです。

あとはバッターに言われた時でしょう。「ちょっと球が遅すぎますよ」と言われだしたらもう潮時です。コーチから言われる前に、バッターからそう言われたら潔くやめるしかありません。

どうしても筋力が落ちて、瞬発力が落ちればスピードが出なくなります。面白いものですね。初めはスピードを落とすのに苦労した打撃投手の道ですが、最後はスピードが出せずに終わるかもしれないなんて。

今はまだ大丈夫ですが、若い時よりは微妙に力が入っている気がします。

私は若者である

50代も半ばが近づいてくると、この先の人生をどのようなものにしようかと考える人が多いのだそうです。今、会社だと60歳定年で65歳までは定年延長というのが一般的だとか。

まるで他人事《ひとごと》のようですが、実際、私のこととして将来のビジョンを考えたことがないのです。というか、考えたところで何も見えないというのが正直なところです。

体が資本の「商売」で、いつなんどき仕事ができなくなるかわからないのですから、せめて「1年でも長く」という目標を掲げて、今までと何も変わらない日々を続けていくしかないというのが今の心境です。

こういう特殊な仕事だからだと思うのですが、若い頃から何も変わってないんですよ。普段の生活もそうですし、グラウンドにいる時もそうですが。やっていることも、気持ちもまったく何も変わっていません。

多少、運動の強度を落としてはいますが、それだけの違いしかありません。年齢だけ増えていっているけれど、その他は何も変わっていない感じなのです。

同じような感覚の人もいるかもしれません。私の中身はまだ青年だ。まだ青春まっただ中だと。

確かに気持ちはそうかもしれませんが、仕事はどうでしょうか。何か責任が重くなっていたり、大きなお金を動かすようになっていたり、あるいは逆に、実務は若者に任せてその管理に回っていたりしないでしょうか。

その点、私はやっていることまで何も変わっていないんです。やはり少々特殊なのだと思います。

そういう意味では、私は若者のままと言えるかもしれません。

打撃投手のそのあとのこと

ただ、私が若者なのは、打撃投手という仕事ができているからなのは間違いありません。だから何も変わらずにいられるのですから。

1年でも長く続けたいですが、やはりいつかは潮時がやってきて、やめなければいけないでしょう。それが何歳の時なのか知る由もありませんが、その時、私に何があるのかを考えようとしても、何も思い浮かびません。

野球しかやってこなかった私。たとえば、60歳の私に何ができるのでしょうか。ホークス以外に働き場所があるとも思えません。

ホークスの過去の事例では、寮長になった方がいます。いや、私の場合、寮長はないでしょう。だって私はまだ遊びたいんですよ。取り締まっている場合じゃないでしょう。

別の裏方の役目を60歳からやるというのも、ちょっとまた違うような気がします。その年になってから新しい仕事を始めるというのもなかなか難しいですね。やっぱり65歳まで投げるしかないですね。

ホークス以外での仕事を想像してみる

第1章で説明したように、打撃投手は1年契約ですから、何歳までいられるといった保証はありません。

いられなくなった時に何をするかを考えておかなくてはいけません。何をしようかと考えますがまったく何も頭に浮かびません。野球しかやってきていないので他のことがわかりません。

野球塾とかで子どもに野球を教えるという仕事があるようですね。先輩の中にもそちらに転身した方がいます。最近は意外と需要があるようで、福岡にも結構あります。

投げることに関してはある程度教えることはできるかもしれないですが、それでも、うん、結構難しいとも思います。小さい頃からやってきた投げ方を変えるって相当難しいですね。逆にぐちゃぐちゃになってしまう可能性もありますから。

もっと初期段階、これから野球を始めようっていう子どもに教えるのだったらいいかもしれません。故障をしにくい体の使い方、正確なコントロールを身につけるための練習方法、いろいろ教えてあげられそうです。

家族の話

もう昔過ぎて忘れましたが、妻と結婚したのは私が本職の投手をクビになり、打撃投手になるのと同じような時期のことです。

交際1年足らずで結婚しました。たぶん、私がピッチャーとして投げた試合は見ていないと思います。そもそも妻は野球にはあまり興味がありませんでした。

打撃投手になることが決まって、打撃投手は何かと説明しましたが、たぶん何のことだかわかっていなかったと思います。さすがに今はわかっています。

体の心配はしてくれます。手の届かない背中に湿布を貼ってもらったりするくらいですが。食べ物のことも気にしてくれますが、私は好きなものを食べるタイプで、体のことを考え抜いたものを食べるとかはしません。

私の方針は、普通に楽しく生きたいということだけなんです。なんでも楽しくやろう……そういう感じです。

休みの日の楽しみはゴルフです。シーズン中でも1日休みがあったらゴルフに行きます。子どもが小さい時は遊びに連れていきましたが、大きくなっちゃって、もう私の相手をしてくれません。

長男はもう就職しました。大学生まで野球をやって、今は草野球です。長女は高校3年生。中学までバスケ部で、高校は男子バスケ部でマネージャーをやっていました。最後の大会が終わって、大学に進学希望です。だから、まだまだ投げないといけないんですよ。私にとっての非常に大きなモチベーションです。

母への感謝は尽きない

元気モリモリだった母親が大動脈解離で突然この世を去ったのは、２０２３年10月１日のことでした。あまりにも突然のことで、私の人生の中で、これ以上ないというほどへこみました。

なんの前触れもなく、めちゃくちゃ元気だったのだそうです。父の話では、その日も朝からいつもどおりの生活をしていたのだそうです。

夜の７時ぐらいにバタッと倒れて、父親から「お母さんが倒れた」と最初の連絡をもらいました。

その15分後、父からもう一度電話があり、「ダメだった」と。もうわけがわかりませんでした。

信じられない。何を言っているのか言葉の意味もわからなくなってしまいました。私は呆然とするばかりで、ただ座っているだけ。何も考えられませんでした。嫁だけがバタバタと鹿児島へ帰る準備をしていました。

鹿児島の実家に私たちが行った時、母は布団に寝かされていました。それまでは、まったく実感がありませんでしたが、それを見て、「ああ、もういないんだ」という実感が湧いてきました。

母親と最後に会ったのは、2023年の正月でした。鹿児島の実家に帰省した時に会ったのが最後。

コロナの前はちょくちょく福岡に出てきて、試合を見ていったりもしていたのですが、コロナ禍以後は、なかなか来なくなっていました。それで正月以来会えていませんでした。

2024年6月後半、交流戦終わりに連休があったので、鹿児島の実家に行ってきました。いつも響いていた母親の元気な声がないのに慣れなくて、なんか変な感じでした。父がひとりになってしまったので、それが今一番の心配です。

生前の母を知る人からは、元気で豪快な母らしい最期で、まったく苦しまずに亡くなったのがせめてもの救いだと言われます。

本当に即死に近いものらしいので、本人はいいかもしれませんが、残されたほうはそうもいきません。

たとえどんなに弱っていてもいいから、最後にもう一度、ひと目会いたかった。その思いがいつまでもあります。

母親の応援

母はいつでも私の「応援団長」でした。小中学校のボーイズリーグの試合はもう全部見に来ていました。

そこから始まり、高校も大学も、私の野球人生の試合はほとんど全部見ているのではないかと思います。いつでも観客席のどこにいるかすぐにわかるような大きな声で「きばれよー」と応援してくれていました。

大学の頃は試合前に栄養ドリンクを持ってきてくれました。毎試合、投げる前に球場の外でもらい、その場で飲むのがルーティンになっていました。おかげで全試合完投勝利できました。

ドラフト会議でホークスに指名された時は、それはそれは喜んでくれました。面と向かって褒めるようなタイプではありませんでしたので、「しっかりせいよ」と激励されました。

プロに入っても、先発が決まった時は連絡しました。見に来てくれました。登板したあとには必ず電話がかかってきました。

「おつかれさまでしたね」「つかれたね」。野球についてのことは、そんなに深く話しませんが、応援しているから頑張れという気持ちは痛いほど伝わってきました。

戦力外となり、打撃投手になると告げた時は、やっぱり寂しそうでした。でも、打撃投手として球団に残れるということを心から喜んでくれました。

戦力外になったあとの人生になんの保証もないのがプロ野球選手です。選手が終わったあとどうなるかは、母親にとっても心配だったと思います。これまでどおりホークスでお世話になれる。大好きな野球で暮らしていける。私にとっての第二の人生を、母親は喜んでくれました。

母は一番私のことを心配してくれて、いつでもいろいろ声をかけてくれていました。

1年でも長く、それが母の願い。

会うたびに言われていました。

「いや、長く頑張ってるね。もっと頑張り。1年でも長く」

おわりに

よく、野球は心理戦だといわれます。感情のスポーツだという人もいます。マウンド上の投手は孤独で、塁上に走者を背負った時のプレッシャーは半端なものではありません。まして、大観衆が固唾《かたず》をのんで見つめているプロ野球は重圧との戦いです。だからこそ勝利の喜びは大きく、ファンも感動してくれるのでしょう。

バッターの練習パートナーである打撃投手もまた、大きな重圧と戦いながら仕事をしているということを繰り返し伝えてきました。正直、「やってみないとわからない」ということばかりで、上手く伝わったかどうか自信はありませんが、正直に語りました。少しでも打撃投手という職業を理解してもらう助けになればと思っています。

大学4年の春、「ドラフトで必ず指名する」と言ってくれたホークス。ダイエーからソフトバンクへとチーム名は変わりましたが、それから32年もの間、お世話になるとは思ってもいませんでした。それもこれも打撃投手という、私にとっての「天職」に巡り合うことができたからです。

当時、球団のどなたが私を打撃投手にしようと決定したのかは聞いたこともないのですが、こうして長年勤めることができていることを思えば、適材適所の判断をしていただいたことに感謝の思いしかありません。

打撃投手の私が試合で活躍することはできませんが、練習をサポートしているバッターたちが活躍してくれることで、間接的にチームに役立っています。それが誇りであり、やりがいです。

やっていることは、同じことの繰り返しですが、それでも毎日、バッターの思いを汲《く》み取りながら、いい練習になるようにと、こちらも気持ちを込めて投げています。だから、担当する選手が打つと私のことのように嬉しさが爆発します。

機械のように同じところへ淡々と投げ続けたい、それが打撃投手の理想であると私は思っていますが、実際は感情があり、喜びも悲しみも感じながら、チームのため、バッターのため、そして家族のため、私のため、必死になって投げ続けています。

この本を作るにあたって、上手く答えられなかったことがあります。どうして私はイップスにならず、プレッシャーでストライクが入らなくなることもなく、コントロールに苦しむことなく今に至っているのかという点です。

間違いなく言えることは、小さい子どもの頃からボールに触れ続け、ボールを投げてコントロールを身につけたということです。小学校、中学校、高校、大学と成長するにしたがい、求められる精度は高くなっていきましたが、どのレベルの野球でも私のコントロールならなんとかなるという自信を持って投げることができました。

そうやって昔のことを思い出すと、もうひとつ絶対に忘れてはいけないものがありました。それは母の応援です。私がイップスにならず、私のコントロールに自信を持って投げてこられたことに、母の応援が関係していたと気づきました。

小中ボーイズリーグの試合は、いつも家族総出の応援でした。母はいつも誰よりも大きな声で私を応援してくれました。それは高校時代も、福岡で試合があった大学時代も同じ。スタンドから母の声が響くので、どこにいるかすぐにわかりました。プロに入ってからも、打撃投手になったあとも、いつも叱咤激励してくれていました。

この応援がどれだけ私のパワーになっていたか。どれだけ励まされ、支えになってきたか。コントロールへの揺るぎない自信をつくり上げてくれたのは母の応援だったのかもしれないと気づき、あらためて感謝がこみ上げてきます。

長年打撃投手をやって、人間の心はほんの少しのことでもバランスが崩れてしまうものだと痛感します。でも、ひとりの心は繊細でも、別の心が寄り添ってくれることで強くいられることがあります。私は100パーセントの全力応援をしてくれる母の温かい心に励まされ、安心して私の力を出してきました。

時代が変わっても、野球は感情のスポーツであり続け、だからこそプロ野球ファンは感動を味わい続けるでしょう。そのプロ野球を支える打撃投手という仕事も、いつまでもあり続けてほしいと心から願っています。

最後まで読んでいただき、ありがとうございました。

2024年8月吉日

福岡ソフトバンクホークス　打撃投手　濱涯泰司

大東建託
NPB
HAMAGIWA
115

濱涯泰司（はまぎわ　やすじ）

1970年10月3日生まれ。鹿児島県出身。鹿児島商工高等学校（現・樟南高等学校）、九州国際大学を経て1992年ドラフト3位で福岡ダイエーホークス（現・福岡ソフトバンクホークス）に入団。1999年に引退後、打撃投手へ転身。以後、25年間にわたり投げ続け、裏方からチームを支える。

職業・打撃投手

著者 濱涯泰司

2024年10月25日 初版発行

発行者 髙橋明男
発行所 株式会社ワニブックス
〒150-8482
東京都渋谷区恵比寿4-4-9えびす大黒ビル
ワニブックスHP http://www.wani.co.jp/
（お問い合わせはメールで受け付けております。HPより「お問い合わせ」へお進みください）
※内容によりましてはお答えできない場合がございます

装丁 小口翔平+青山風音(tobufune)
執筆協力 菅野徹
校正 東京出版サービスセンター
企画協力 福岡ソフトバンクホークス株式会社
編集 中野賢也／大井隆義（ワニブックス）

印刷所 TOPPANクロレ株式会社
DTP 株式会社 三協美術
製本所 ナショナル製本

ISBN 978-4-8470-6708-2
WANI BOOKOUT http://www.wanibookout.com/
WANI BOOKS NewsCrunch https://wanibooks-newscrunch.com/